时尚唐人

SHISHANG TANG REN

任 凌 编著

哈尔滨出版社
HARBIN PUBLISHING HOUSE

图书在版编目（CIP）数据

时尚唐人 / 任凌编著. —哈尔滨：哈尔滨出版社，2016.6
 ISBN 978-7-5484-2162-7

Ⅰ.①时… Ⅱ.①任… Ⅲ.①社会生活-史料-中国-唐代 Ⅳ.①K242.06

中国版本图书馆 CIP 数据核字（2016）第 011446 号

书　　名：时尚唐人
作　　者：任　凌　编著
责任编辑：杨　磊　李金秋
责任审校：李　战
装帧设计：Amber Design 琥珀视觉

出版发行：哈尔滨出版社（Harbin Publishing House）
社　　址：哈尔滨市松北区世坤路 738 号 9 号楼　　邮编：150028
经　　销：全国新华书店
印　　刷：辽宁星海彩色印刷有限公司
网　　址：www.hrbcbs.com　　www.mifengniao.com
E－mail：hrbcbs@yeah.net

编辑版权热线：（0451）87900271　87900272
销售热线：（0451）87900202　87900203
邮购热线：4006900345　（0451）87900345　87900256

开　　本：787mm×1092mm　　1/16　　印张：14　　字数：200 千字
版　　次：2016 年 6 月第 1 版
印　　次：2016 年 6 月第 1 次印刷
书　　号：ISBN 978-7-5484-2162-7
定　　价：29.80 元

凡购本社图书发现印装错误，请与本社印制部联系调换。服务热线：（0451）87900278

前言

唐朝就是这么牛

中国曾经有一个很牛的摇滚乐队叫"唐朝",他们有一首很著名的歌叫《梦回唐朝》,每次听到他们声嘶力竭地吼着"梦里回到唐朝""纸香墨飞词赋满江""豪杰英气大千锦亮"的时候,人们都不禁对那个朝代心驰神往。

这么说来,这首歌存在的真正原因,就是在中华大地的五千年文明中,有一个闪闪发亮的时代,那是一个很牛的时代。那个时代牛到什么地步呢?举个例子,现在这个国家谁谁当总统或者那个国家怎么怎么样,各国的上层领导和下层人民基本都一清二楚,但这是在信息发达的现代。然而即便在那个相对封闭的时代里,唐朝,这两个字眼仍像是闷天一声雷,无论在世界各地,都是那么的响亮;唐朝就像是漆黑深夜中的萤火虫一样,无论在哪个国家人的眼中,都是那么的出众、那么的鲜明。

那个时候,唐朝的名声驰誉海内外,与中东的阿拉伯帝国、欧洲的神圣罗马帝国并立为当时几大强国之一。但无论是疆域版图还是国家文化,那些个对手简直不值得一提,甚至很多国家都派使节来巴结唐朝或者派人来唐朝学习先进的知识。直到今天,中国周边的一些国家,如日本、韩国仍然保持着唐朝的一些风俗礼节,欧美等国提起中国的时候还很乐意地称中国人为"唐人",在本国建设唐人街。能有这么深远的历史影响,可见当时唐朝的强悍,当时的唐朝完全可以说是真真正正的"天朝"。

那么,为什么唐朝会这么牛呢?我们这本书就要从唐朝百姓的日常生活入手,为你展现一个与众不同,时尚又前卫的唐朝,也许看过之后,你会出乎意料地发现,唐朝是一个走在时代前沿的朝代,是一个与众不同的朝代。

目录

壹

CONTENTS

第一章　人是衣裳马是鞍

（一）唐人穿什么｜服装篇 / 01

（二）纯天然，种类多｜面料篇 / 09

第二章　咱得对得起这张脸

（一）化妆也要有一套｜化妆篇 / 21

（二）镜子啊镜子，我是不是世界上最美丽的女人？｜化妆周边篇 / 32

（三）用天然材料保养皮肤｜化妆品材料篇 / 34

（四）男人也疯狂｜男子化妆篇 / 46

（五）我爱洗澡，皮肤真好｜卫生篇 / 53

目录

贰

CONTENTS

● 第三章　　咱们吃好喝好啊

（一）不要一口吃个胖子｜食物篇 / 63
（二）煮酒论英雄，饮茶谈君子之一｜酒水篇 / 72
（三）煮酒论英雄，饮茶谈君子之二 / 81
（四）煮酒论英雄，饮茶谈君子之三 / 91
（五）煮酒论英雄，饮茶谈君子之四 / 100
（六）煮酒论英雄，饮茶谈君子之五 / 108

● 第四章　　我爱我的城市

（一）东洛阳，西长安之一｜城市篇 / 117
（二）东洛阳，西长安之二 / 125
（三）东洛阳，西长安之三 / 133

目 录

叁

CONTENTS

● 第五章　　住得舒服很重要

（一）房子不是你想买就能买的｜房产篇 / 141

（二）装修也是门学问｜装修篇 / 150

● 第六章　　长寿是每个人的追求

（一）医生真不是那么好当的｜医学篇 / 159

（二）养生还得是古代｜养生篇 / 168

● 第七章　　唐人的婚姻观

（一）千里姻缘一线牵｜恋爱篇 / 177

（二）结婚真不容易啊｜结婚篇 / 191

（三）离婚不算事｜离婚篇 / 203

第一章　人是衣裳马是鞍

（一）唐人穿什么｜服装篇

某宝风 or 西域风｜时尚形成的原因

如果你是一个喜欢在某宝上买衣服的人，那你一定知道当今的时尚元素有哪些。某宝里那些所谓的爆款都打着韩国风的名义，说自家的衣服是正宗的韩版货。其实看到那些图片，你就会发现，所谓的韩国流行风无非是高腰、低胸、披肩等等。每次看到这些，笔者都会在心里感叹，你们这些跟本就不是时尚好不好？你们这些已经落后好几千年了好不好？你们跟唐朝比起来简直弱爆了好不好？你们的这些流行元素在唐朝就已经开始流行了好不好？

打住，再问这么多"好不好"也没有什么意义，但正是因为这种衣服在现在仍然流行，就更说明当时的唐朝是多么的厉害，其在很多方面的审美都堪称前卫，以至于那时的流行元素现在还能引发时尚界的关注，这在历史上绝对是极其特别的。

现在，我们就来研究一下唐朝的服装，看一看，那个时代的唐人们到底是怎么在穿衣戴帽上折腾自己的。

其实说起来，唐朝当时的服装之所以走在时尚界的前沿，是和当时唐朝的社会风气和国际地位有关的。因为唐朝的国力强盛，唐朝的首都长安（今天的西安）也就成了世界各国人民一心向往的地方。据"有关部门"统计，当时和唐朝有贸易往来的国家不下三百个，可以说唐朝的朋友遍布天下，而作为唐朝绝对中心的长安也就成了可以和现在的巴黎媲美的"国际大都市"。什么罗马人、高丽人、阿拉伯人、日本人都把脑袋削尖了往长安跑，那个时候能到长安留学可是很牛的事情。

而与外国人的频繁往来,也给长安带来了新鲜的元素和新鲜的念头,那一时期的绘画、雕刻、音乐、舞蹈等各方面都受到外国的影响,服装方面当然也不例外。那些远道而来的使节或者商人给长安城带来了有着浓郁异域风情的服饰。再加上唐朝本身的社会风气比较开放,皇上统治开明,能够做到兼容并蓄,因此当时的服装界可以说是百花齐放,异彩纷呈,其服装在设计上大胆创新、各具特色,形成了一种万紫千红的景象。

其实这是民族风 | 基本服装

唐朝时期的服装分为官服和平民服。这是一个必然产生的结果,你想,哪个朝代的官员会和老百姓穿同样的衣服呢?如果穿同样的衣服,肯定显示不出当官的威严,你出个公差,走大街上,老百姓一看:"嚯,这当官的和咱们也没啥区别啊,穿得还不如咱呢,咱干吗要听他的啊。"这就不太好了。而且中国自秦朝以来就确立了中央集权制度,这种中央集权制度在隋唐时期得到了极大的巩固和发展,形成了有记载以来最健全的官吏管理制度,由此一套完善的等级森严的官服制度也就应运而生了。

官服如果要往细了分,可以分为祭服、朝服、公服、常服。这四种衣服,即使不用详细说明,大家也都能从字面上理解其中的差别。

祭祀是自古流传下来的风俗习惯,唐朝自然也不例外,祭天、祭地、祭祖宗就是所谓的祭祀,而在这个神圣的时刻穿的衣服就叫祭服。

朝服呢,当然就是官员在遇到重大事件,上朝时候穿的服装。我们在电视上也看过,官员在遇到大事上朝的时候会穿得和平时不一样,这时他们穿的就是朝服了。

而普通工作的时候,比如出去巡个查啊,走个访啊,上个堂啊,查个案什么的这时候穿的就是公服,没有大事发生、平常上朝时基本上也穿这种公服,也就是说,公服就相当于我们现在的工作制服,具有明确的提示官员身份的作用。就好像医生穿的白大褂,警察穿的警服。要是没有了这些显著的标记，患者一上医院，都找不到哪个是医生；老百姓去派出所办个户口，都认不出谁是户籍员。

再有就是普通的常服了。官员也是人，也不能一天到晚老是穿着官服到处跑。人家也得居家过日子，有个年休什么的。这种时候，自然就要穿休闲一点的服装了，免得到哪儿人家都知道你是当官的。当然，走到哪儿都爱显摆，拿自己当爷的官员不在我们所说的范围内。

好了，四种服装介绍完毕，下面我们就逐一来看，每种服装到底是什么样子的。还有，在讲之前要先说一句，这四种都是指男子的服装，女人穿什么我们要留到后面才讲。

△《客使图》位于章怀太子墓道中部东壁，高 185 厘米，宽 247 厘米。画面中共有六位人物，前三位是唐朝鸿胪寺官员，均穿着初唐时期的朝服，头戴笼冠，身穿阔袖红袍、白裙曳地，腰系绶带，手持笏板，足蹬朝天履。后面三位，为首一人秃顶，浓眉深目，高鼻阔嘴，身穿翻领紫袍，腰间束带，足穿黑靴，可能是来自东罗马的使节。中间一人面庞丰圆，须眉清晰，朱唇，头戴尖状小冠，冠前涂红色，旁边插鸟羽，身穿宽袖红领白短袍，下穿大口裤、黄皮靴，推断是来自朝鲜半岛的新罗国使节。最后一位头戴翻耳皮帽，圆脸，身着圆领黄袍，腰间束黑带，外披灰蓝大氅，下穿黄色毛皮窄裤、黄皮靴，应该是我国东北的靺鞨人

衣服颜色的选择很重要 ｜ 服装颜色

其实有的时候，朝服可以代替祭服在出席一些重要的场合时穿着，所以这两种服装有的时候也可以看成是一种服装，二者之间并没有太大的区别。但我们之前也说过，在当时，等级制度是极其森严的，在服饰上最明显的表现就是色彩上的不同。这点，从皇服和官服的区别上就可见一斑了。

宋朝有一个典故，叫"黄袍加身"，讲的是宋太祖赵匡胤还没当上皇帝时，在一个叫"陈桥"的地方被人把黄袍披在身上，请他做皇帝。对这个典故，大家可能心里都有个疑问，为什么把黄袍披在他身上，就是让他当皇帝呢？那是因为，在古代黄色的袍子只有皇帝才能穿，而其他人如果穿上就会被看作是想造反，是要灭九族的大罪。前些时候的一部电视剧《大太监》里，皇上就是看到贪玩的慈禧把皇袍穿在身上，才对她有所防范的。大家想想，对待自己的老婆尚且如此，这要是别人穿上黄色的衣服，那还了得？

当然，用黄袍代替龙袍并不是自古以来的传统。在秦汉时期，皇帝穿的衣服大都是黑色，而把黄色作为皇帝的专属颜色，是从唐朝才开始的。"唐高祖武德年间令臣民不得僭服黄色"，一道圣旨之后，黄色的服装一下子就成了独一无二的皇权象征，为皇室专用之服。自此这项制度为历代沿袭。

虽然说是王室专用，但这些服装也并不是统一的黄色。因为王室不光有皇上，还有太子啊，王爷啊，这些都算是皇室中人。这些人要是都穿同一种黄色，那皇上就不是至高无上的天子了，所以在黄色里头，也得弄出点不同来区分皇帝与其他皇室成员。于是，皇服的黄色就有了下面的分类：皇上穿的叫赤黄，也就是偏红一些，皇太子穿的是杏黄，而皇帝那些普通儿子穿的是金黄。看看，人家那时候想得多么周到。幸好不需要在其他儿子当中再分出不同颜色来，不然恐怕和黄相近的那些颜色都不够用了。除了这些人以外，如果别人胆敢穿着黄色的衣服到大街上晃一圈的话，这人不是疯子就是不想活了。

皇上都这样了，大臣们肯定也不例外地拥有各自的颜色。据史书记载，唐朝时期的官员，三品以上一律用紫色；三品下，五品上为绯色，也就是类似于红的颜色；六品、七品可以穿绿色；八品、九品为青色。这种按颜色来区别的官服叫作"品色服"。

你还真别小瞧了"品色服"的颜色区分，别以为只是说说玩的，它可是唐太宗亲自下的诏，并且要求各州各县遵照执行。这诏书一下，整个天下可热闹了，在各个城市街口和官隘处都有专门设立的卡哨，检查来往的人有没有不按规定穿衣服的。一时之间，大家都不知道该怎么穿、穿什么样的才能不犯错误，可以说人人都是战战兢兢，如履薄冰。

总之，唐朝的官员在衣服的颜色上讲究颇多，套用《爱情买卖》里的一句歌词，"衣服不是你想穿，想穿就能穿"。要穿衣服，你得做好万全的准备。你今天觉得穿红色的好看，就弄套红色的朝服，明天觉得黄色也不错，就来个黄的。这种对色彩随心所欲的追求，在当时可是要不得的，一不小心穿错了颜色，可能就不仅仅是丢官那么简单了，以下犯上，那是掉脑袋的大罪。

那时的社会对官员尚且如此，对老百姓就更加苛刻了。我们常常在电视上看到，很多古代的老百姓穿得花花绿绿，五颜六色，这本身就是一种常识错误。历史的真相是，如果你真的不小心穿越到那个时代，又不小心穿了不该穿的颜色，恐怕衣服被扒了没收是小事，弄不好还得挨一顿结结实实的鞭打，最后甚至丢了小命。所以，当时的老百姓知道衣服是不能随便穿的，以至于大家只能在上面提及的颜色之外选一些自己还看得上眼的颜色来穿——据说，当时民间最流行的颜色是蓝色和白色。你说这有什么别的办法呢，那些绚丽的颜色都让权贵们挑完了，你们挑剩下的、不要的，我们穿穿总归没问题了吧。

衣服样式还是简单点好 | 服装样式

除了颜色不同之外，唐朝时的朝服在样式上并没有太大的区别，而且还沿袭了古代的穿衣制度。这种朝服我们在电视剧中常常能看到，一般都是领口或者袖口有厚厚的贴边儿，腰部用腰带束紧，衣袖有的是直袖，有的是宽袖，头戴介帻①或笼冠②，内着围裳，下着玉佩和绶带。这里说的围裳，就像我们现在的"打底衫"一样。当然，这样的穿戴一般都是遇到重大的事情，比如上朝、祭祀时才会穿。平常的时候，那些官员也懒得把这一堆一堆的东西往自己身上折腾，费事不说，这么多零七八碎的东西都往身上招呼，那得多沉啊。

所以，他们平时穿的官服啊，便服啊，和上面所说的朝服比起来，就显得清爽多了。那时候的官服和便服基本都是清一色的圆领袍服。看到没？圆领。大家有没有一种恍然大悟的感觉？现在的衣服可大都是圆领的。虽然说在唐朝之前就有很多朝代穿圆领服装，但始终无法考证这种服装确切的源头，而且唐朝之前这种圆领服装的穿着并没有形成规模。到了唐代，这种圆领服装才空前地流行开来，并对后世的服装时尚产生了巨大的影响。什么叫前卫？这就叫前卫。彼时的穿着习惯演变成几千年后的流行元素，放眼历史，恐怕也就只有唐朝能做到这一点了。

另外那个时候穿着圆领窄袖的袍服必需配着一种冠饰，叫幞头，又叫袱头。这种搭配就像当今那些嘻哈音乐的爱好者在穿着嘻哈服饰的同时必需要戴一个帽子，再在脑袋上绑条围巾是同样的道理。在唐朝，那种穿法就是一种流行。什么是幞头呢？说白了就是"乌纱帽"，那个时候的官员都戴这种东西，所以后来才有人将官员被"炒鱿鱼"称为"丢了乌纱帽"。

不过，我们要强调的是，这种所谓的流行穿法，只有在官员和上层社会当中才是主流。当然，平头百姓中的文人也有喜欢这种打扮的，但由于其并不适合日常劳作，所以在广大的劳动人民中并没有流行起来。在老百姓当中流行一种两边开衩的袍子，叫"缺胯袍"，也叫"庶人袍"。这种袍子也是圆领的，与官服最大的区别就是它存在开衩。因为官员和文人基

---

① 一种长耳的裹发巾，流行于汉魏，即后来的进贤冠。
② 古代武官所戴的帽子。

△图为裹幞头、穿圆领袍衫的帝王及官吏（图片出自阎立本的《步辇图》）。《步辇图》画的是贞观十五年（公元641年），吐番丞相禄东赞前往京都长安，迎文成公主入藏时受到唐太宗接见的历史故事

本都不用干活，所以都穿直筒的，而那些需要干活的人，为了方便腿部的活动，在两边开个衩，干活觉得不方便的时候，还可以把袍子撩起来，别在腰间。这样想来，这种服装细节上存在的差异就非常容易理解了。所以，在当时，从袍子开衩不开衩就可以看出谁是官员、文人，谁是平头百姓了。

女人就该对自己狠一点 | 女装

唐朝男子穿的衣服，不管从样式还是材质上来看都是比较单一的。正如当今男人服装也大都是那几种样式，而女装样式种类繁多一样，自古以来穿着打扮的艺术大多是从女子那里流行起来的，唐朝这种经济繁荣的时代就更是如此了。与其他朝代相比，唐代的女装更具有时尚意识，在追求大气的同时，兼具了华丽与绚烂。

在唐朝的女子当中，最流行的一种服饰叫"襦裙服"。所谓的"襦裙服"并不是一个统一体，而要分开来看。襦是指上衣，裙不用解释了，就是裙子。

唐朝时期的襦一般都是及腰长，很短，并且收腰后盖在裙子的下面。在穿襦的时候，外面有的时候还会套"半臂"、"背心"，或者"褙子"①。看到这，你可能会突然之间想到什么，然后大呼一声"啊"。没错，这种穿法就是在现代风靡一时的"韩式"穿法。在裙子的外面套一个小"外搭"，这种穿法在中国的唐朝就已经开始风行，拿到现在来看真算不上新鲜，只能叫"复古"了。

相对于现代的简洁而言，善于运用材质和刺绣的唐朝人愿意把自己打扮得更加华美纷繁。特别是上层社会的女性，常会在襦或者"半臂"上加上"罗衫叶叶绣重重，金凤银鹅各一丛"的金银彩绣的装饰，这样服装看起来更是精美绝伦，耀眼异常。所以，现代的那些所谓的"韩版外搭"在设计和工艺上，可能还真就没法和咱们老祖宗的"半臂"相比，可以说唐朝人随便拿出一件衣服来，都能完爆现在的"韩式流行"。

除此之外，我们还能常常听到一个词叫凤冠霞帔，这里的霞帔，大致和我们今天所说的披肩差不多。有一些贵族女子还将其发展成所谓的"帔帛"，就是我们常常在电视上看到的某个王公家的小姐，肩上绕着长长的丝带，走路的时候迎风摇摆，好不漂亮，仿佛仙女下凡一样。我们现代人常常喜欢给某种特定的衣服——比如晚礼服——配上一条披肩，这种做法在唐朝的时候就已经有了先例。看来，唐朝那些爱好流行的女人给我们今天的时尚界带来不少灵感。

而说到裙子，就更是品种繁多了。唐代时期的裙子样式和如今的朝鲜族的高腰裙非常相像，用长长的带子打上结，这样会使身材显得更加修长、窈窕。这种剪裁方法和如今所谓的"韩版"服装几乎完全一致，但相比之下，唐朝时期的高腰裙更加华丽。由于当时社会开放，我们现在所谓的"薄、露、

---

① 一种由半臂或中单演变而成的上衣。相传始于唐，盛行于宋元，在明代被称为披风。

透"在当时就已经备受各位爱美女士的推崇了。当时的裙子大都以纱罗为主要原料,在某些部位呈半透明状。而在唐朝之后,则再也没出现过这种装扮,不得不说唐朝不仅引领时尚,而且大胆前卫啊。

(二)纯天然,种类多 | 面料篇

面料的选择性越来越多 | 唐朝面料的多样性

随着科学的发展,时代越来越进步。特别是化学的发展,使得很多古代人想象不到的化工产物成了各类食品、服饰的原材料。表面上看,这真的是一个很大的进步,但渐渐地,潮流的风向又发生了转变,今天人们开始追求返璞归真,天然的东西比化学制品更受大家的追捧和欢迎。从这点看来,我们和古代人相比未必是进步的,相反,古代人运用的材料可能比我们今天的要优质很多——还是那句话,复古就是时尚。

在现代,棉是最常见并受欢迎的服装面料之一。你到商店买衣服的时候,很多售货员都会告诉你说:"我们家的衣服都是纯棉的。"听到这种话可能你就很高兴地把衣服买回去了。但事实上这些服装是不是真的如售货员所说,是纯棉的呢?

答案当然是否定的,现在的衣服所用的材料基本上都是聚酯纤维。什么是聚酯纤维?这听起来像是一个很学术的名词,其实没有这么复杂,它就是我们中国人常常提到的"涤纶",是一种化学合成的材料。从化学上来说,就是由有机二元酸和二元醇缩聚而成的聚酯经纺丝所得的合成纤维。这种材料的特点是耐磨,易清洗,看起来光鲜亮丽,但穿过的人都知道,实际上这种料子的质地让人很不舒服,因为它的透气性不好,有的皮肤敏感的人穿上后,会觉得皮肤刺痒。因此不得不说,衣服采用化学材料,实在不是什么好的选择。

言归正传,之所以把当代衣服的材料问题拿出来小小"批判"一下,为的就是让其和唐朝的服饰面料有一个明确的对比。前文说过，唐朝是个十分开放的时代，穿衣服的品位并不比现在差。唐代的衣服不仅样式繁多，而且在面料的运用上十分讲究，不仅种类五花八门，还都是纯天然的材质。

接下来，我们就要隆重地介绍这些在唐朝被广泛应用的面料了。

突发事件引出的流行｜毛毡料

在讲正经八百的东西之前，我们先来讲一个小故事，故事的主人公叫裴度。

裴度这个人可不一般，熟悉历史的人可能都会知道，他是唐朝时期一位很著名的宰相，任期是安史之乱以后。当时正值朝政混乱、百废待兴的时期，裴度上任以后，就开始了一系列大刀阔斧的整顿，在很大程度上维护了唐朝的稳定。但正因为这样，在那个朋党勾结的时期，他也就成了一个特立独行的人，引发了一些人的忌恨，差点被人刺杀身亡。

那一天，裴度正准备入朝去面见皇帝。走的时候他还是美滋滋的，因为在头一天，刚好有个人给他送了一顶毡帽。当时，毡帽也刚刚开始在唐朝的首都长安流行起来，能收到一顶时尚的毡帽作为礼物，即使对于贵为丞相的裴度也是很可心的事情。因此，第二天他就把帽子戴在了头上，神气十足地去见皇上。裴度骑着马刚出了驿坊东门，正美着呢，突然一个人就提刀斩了过来，裴度躲闪不及，被一刀正中头部，应声从马上跌落下来。刺客以为已经得手，正想过来提裴度的人头，未料想裴度只是受了些伤，性命却没有什么大碍，而此时从旁保护的官兵也杀过来，裴度算是捡了一条命。

看到这儿，你可能已经想到了。不错，在前面我们提过，裴度的头上戴了一顶毡帽，那一刀不偏不倚劈在了毡帽上，而毡帽的材质又十分厚实，以至于被刀狠狠砍到的地方只是出现了一道不太深的伤痕，这简直可以说是不幸中的万幸，或者可以说是"毡帽造就的奇迹"。而这之后，毡帽救了裴度一命的消息不胫而走，在坊间传得是越来越离谱，此后，毡帽在长

△敦煌壁画《宋国夫人出行图》（局部），画中描绘了头戴毡帽的民间乐人和襦裙披帛的跳舞女子

安乃至整个中原也比以前更加流行。

这个故事出自《太平广记》，有兴趣的朋友也可以找来看看。从这个故事我们可以看出，在当时的长安，这种用毛毡做的帽子是非常受欢迎的。毛毡这种材料在当时除了被用来制作帽子，还被广泛地应用于靴子等服饰。毛毡最早产于波斯，在唐朝时通过丝绸之路由中亚传入了中国，并在唐朝引起了一股时尚的"毛毡风"，成为唐朝时期制作服饰的主要面料。而最著名的，也就是裴度头上戴的那种毡帽，它产于中国江南的扬州，因此这种毡帽也被称为"扬州帽"。在《全唐诗》中，李廓的《长安少年行》里有这样一句话："剗戴扬州帽，重薰异国香"，反映了这种帽子在当时的受欢迎程度。

到了现在，毡帽已经不像在唐朝时那么受欢迎了，但仍然有一些流行服饰会采用毛毡这种材料，毛毡的那种原始简朴的质感，使得一些设计师对它情有独钟。而这一材料在中国的发展，也是从唐朝开始的。

不能让毛毡独领风骚 | 棉布、驼绒和貂皮

虽然毛毡在庙堂之外得到了广泛的应用，但皇室成员在衣服的材料上必然是高人一等的。还有那些有钱人和达官显贵，他们在服装上也都要比普通百姓优越许多，可选择性也要多得多。

我们现在制作大衣最常用的一种材料——驼绒，在唐朝时期就已经引进使用了。只不过因为价格昂贵，在当时还只是西北部的一些州县进贡给皇上，只有皇室成员拥有使用其制作衣服特权的高级面料。

在公元9世纪的时候，吐蕃给唐朝进贡了一种在当时看来极为特殊的材料，就是水獭的毛皮。在当时它是一种比现在的貂皮还要名贵的料子。

在本章的一开始，我们还提到了棉布，一种日常生活中最常见的服装面料。如今大家都喜欢穿棉布的衣服，因为它不仅质地柔软，而且有着良好的透气性，穿起来十分舒服。其实早在唐朝的时候，就已经有了棉布。当然，棉布的原产地并不是中国，而是从印度和巴勒斯坦经由丝绸之路从中亚传到中国的。因此在当时，棉布的价格昂贵，并不像现在这样随处可见，而其材质也没有办法和中国特有的丝绸相比，所以一直也没有流行起来。尽管如此，还是有一些唐朝的裁缝采用了这种面料。

可见，我们现在所用的时尚面料，其实早在唐朝时就已经开始小规模地流行，因此可以说唐人在穿衣上，为今天的流行、时尚提供了很多可供选择的素材和灵感。

今天已经消失的材料 | 羽毛

在服装面料的选择上，唐人还有一点跟现代人很相似。今天，一些知名服装品牌常常会召开时装发布会，发布会上的服装基本就是本年度

的潮流风向标，想紧跟时尚步伐的女孩子们都会争先恐后地购买那些价格不菲的衣饰。这种"赶时髦"的行为其实在历朝历代都有，唐朝也不例外。

唐朝可没有时装发布会，不过，那些爱漂亮的女孩子仍然想尽各种办法打探时尚的动向，紧跟潮流。比如有一次，安乐公主就成了她们跟风的对象。安乐公主是唐中宗李显的女儿，不知为什么，李显对这个女儿的疼爱远远超过她的兄弟姐妹，可以说是"含在嘴里怕化了，捧在手里怕摔了"，这位公主得到的待遇待遇自是非同一般了。

因此，这位公主就恃宠而骄，过着穷奢极欲的生活，吃的、穿的、用的都得是最好的才行。她的衣服估计几个衣柜都装不下，但却还是不停地让人给自己做新衣服。而她的眼光又十分独到，所以她穿的衣服常常会在官宦女子中间甚至坊间受到追捧，引领当时的时尚潮流。

其实对比现代的情况，也大致能理解这一点。比如某宝上卖的衣服总会在后面标注出来，"和×××穿的是同款"。这个×××在今天可能是大明星，也可能是哪个名媛，而在唐朝，如果有人上某宝的话，就会看到"此衣服美到仙，与安乐公主同款"一类的描述。

羽毛成为服饰材料与安乐公主有关系。有一天，安乐公主正在园子里赏鸟，听着鸟儿的鸣叫，看着鸟儿在树的枝头静静地打理着自己的羽毛，那羽毛在阳光之下闪闪发光，看上去五彩斑斓，华美异常。安乐公主突发奇想，如果能用鸟儿的羽毛给自己做一件衣裳，一定会使自己更加美丽动人。

安乐公主一向是个想到什么就要马上付诸行动的人，这个念头刚一出现，她就下令把做衣服的匠人叫来，把自己的想法说给匠人听。几个匠人听完面面相觑，要做一件这样的衣服，那得用多少羽毛啊，看来有一大群鸟注定要为安乐公主的突发奇想丢掉自己的小命了。

但不管怎么说，公主的话谁敢不听啊，既然她说让做，就算把全城的鸟都逮光了也得凑够需要的羽毛。于是城外的树林就热闹了，每天都有成群的下人在那里手忙脚乱地捕鸟。

△陕西唐代契夫人墓出土的壁画里的这位婀娜多姿的女子穿着的便是典型的唐朝上襦下裙装,这样的服饰富有美感,从线条到颜色都极富视觉冲击力,或动或静都充满着女性的魅力。而其所着的裙子,还有一个专属的名字——石榴裙,唐代女性穿得最多的就是这种裙子

这件羽衣整整用了100只鸟的羽毛,众多匠人使用及其烦琐的工艺,将羽毛一点点捻成线,才把衣服做了出来。安乐公主拿到衣服的那一刻简直笑开了花。这件衣服的确闪耀夺目,从不同的角度看不同的颜色呈现在眼前:从前面看是一种颜色,从后面看可能就是另外一种颜色,拿到光下看是一种颜色,在光线不足的地方看,又会呈现出另一种颜色。安乐公主穿着它,十分满足,经常在别人面前炫耀自己的衣服。

一下子,这种羽毛衣在上层社会引发了巨大的轰动。首先这衣服的材质与众不同,穿上能突显自己独特的风格;其次,安乐公主为这件衣服做了一个很好的代言,大家都想穿和公主同款的衣服以显示自己的品位。这股旋风从上流社会一直刮到了民间,就连普通人都希望能拥有一件安乐公主穿的衣服。

这下，各地的树林里更加热闹了，有为了做衣服自己去抓鸟的人，也有抓了鸟再高价卖给衣服制造商的"黄牛"们。越来越多的鸟惨遭毒手，在长江流域和东南地区，甚至有很多鸟由于长了一身的漂亮羽毛而被抓得几乎灭绝。

这种情况引起了绝大部分老百姓的不满，鸟都死了，平时想在林子里赏鸟也不行了，也没有鸟捉虫了，这哪行啊。于是一帮人联名向官府反映。但有什么用呢，难道能不让公主穿羽衣吗？这哪里是地方官能办到的事啊，就算是当朝丞相也未必有这个能耐啊！

不过幸运的是，没过多久安乐公主就在一次宫廷政变中被杀死了。后来新登基的皇帝——唐玄宗李隆基，下令将安乐公主的羽衣在宫中焚毁，这段为了追求时尚和美丽而使鸟几乎灭绝的荒唐历史才算告一段落。

绫罗好穿布难织｜丝绸

当然，就算安乐公主没这么早死去，像羽毛这么独特的材料也不可能在百姓的日常生活中普及，只能在上流社会小范围流行。在民间，主要的面料还是毛毡，除此之外，常用的衣服面料还有三种：用羊毛等动物毛制成的毛料，由植物纤维制成的亚麻布，以及蚕丝制成的丝绸。

这样看起来，当时制作衣服的材料和我们现在基本没太大差别，但与现在这些掺杂了太多"高科技"成分的化工面料相比，唐朝时期的面料胜在天然，都是百分之百的绿色产品。

而在上述三种材料中，最常用的还要属丝绸了。虽然在现代，各个地区也会举办一些丝绸展，但与唐朝的使用比例相比起来，现代丝绸的使用比例还要小得多。唐朝时期的丝绸还划分为很多种，如绫、罗、锦、纱等。

说到绫、罗、锦、纱，大家可能会想到"绫罗绸缎"这个词语。"绫罗绸缎"在古代用来泛指各种精美绝伦的丝织品。虽然同属于丝织品，但由于其制作工艺各不相同，因此最终的成品也不同，在价格上也有着明显的差别。

丝绸类制品在古代可以说是价格最昂贵的，每个女人都以能穿上名贵的丝织品为骄傲，因为越是上好的丝织品越是象征着显贵的地位。为什么丝织品的价格会这么高，以至于成为那个时代的"路易威登"呢？这与其复杂的制作工艺有很大的关系。丝绸的制作过程，可以说浸满劳动人民的血泪和汗水。

丝绸的原材料是蚕丝。而要得到蚕丝，首先需要养蚕。宋朝的文学家张俞有一首著名的诗《蚕妇》："昨日入城市，归来泪满巾。遍身罗绮者，不是养蚕人。"这首诗是什么意思呢？从字面上就可以理解了，讲的是一个靠养蚕为生的妇女，自己的蚕丝收获了，于是很高兴地拿着去集市上售卖。东西很快就卖光了，按理说她应该高兴才对，可是在回家的路上，她不住地掉眼泪，用来拭泪的手帕都被浸湿了。因为她发现，在大城市里转一了圈，那些穿着绫罗绸缎的人都不是劳动者，而她这个提供衣料的人却要每天不辞辛苦地干活儿，能换来的不过是一些可以养家糊口的小钱和粗布的衣服，这怎么能不叫人伤感呢？

养蚕确实是一个很辛苦的活儿，因为蚕是很娇贵的，必须小心照料。古代养蚕基本都由妇女来负责，她们要每天给蚕采摘新鲜的桑树叶，这就需要她们每天登梯子、爬树，采回来之后还要去喂蚕，这种工作不能间断。而且喂蚕的同时还要给蚕清理排泄物。养弄的蚕室必须要保持温暖，这样能加快幼蚕成熟。在蚕室里有一个小坑，里面要用牛粪生火，这样才能在保持温度的同时，不会产生大量的浓烟。就这样忙碌地熬过三十三天后，蚕就会开始分泌蚕丝，把自己包裹成茧。这之后，就开始了蚕的血泪史。

为了让人能穿上华丽的衣服，蚕必须付出生命的代价，悲惨地死去。想要获得质量最好的蚕丝，就不能等到蚕死的时候再剥丝，必须在蚕活着的时候就开始抽丝。在抽丝的过程中，如果参与的人手不够，就得马上把蚕杀死，而杀死蚕的方法在我们旁人看来是十分残忍的。

第一种方法是把已经开始结茧的蚕拿到阳光下面暴晒，时间一久，蚕就会脱水而死。第二种方法则是用盐撒到蚕的身上，也能够达到迅速

▽图为唐代画家张萱的作品《捣练图》（摹本），图中所描绘的妇女们正在加工白练

脱水的目的。最后一种方法是把蚕拿到笼屉上去蒸，据说这是最好的方法，能够取到优质的蚕丝。当然，不是所有的蚕都要被杀死，有一些品质优秀的蚕会作为蚕种保留下来，它们可以活到破茧产卵，为下一次的养蚕做准备。

获取蚕丝的复杂的过程，充满了蚕宝宝的血泪和养蚕人的汗水，再加上最后要把这些辛苦得来的蚕丝纺成线，织成布，所以丝绸价格昂贵也是必然的。

在纺织丝绸的过程中，按照纺织特点，采用不同的制作方法所制成的产品就是绫、罗、绸、缎了。在唐朝时期，又以绫、罗最为著名。

绫，就是以斜纹组织为基本特征的丝织品，可分为素绫和纹绫。素绫是单一的斜纹或变化斜纹织物，纹绫则是斜纹地上的单层暗花织物。绫盛行于唐代，其中以缭绫最为著名。

罗，其中的一个分支叫纱，是采用纱罗组织的丝织物。罗在商代已经出现，而在唐代，浙江的越罗和四川的单丝罗均十分著名。其中单丝罗表面具有均匀分布的孔眼，它也就是后来的纱。

绸字原写作䌷，指抽茧绪加捻成线织出的平纹织物。绸最早出现于西汉，到了两晋南北朝时期开始有粗、细之分。清代的绸有江绸、宁绸、春绸、绉绸等。民国时期，大量的平纹素织物也称为绸。今天，绸成为丝织品的通称。

缎是经纬丝中只有一种显现于织物表面，并形成光亮平滑外观的丝织品。唐朝时期，缎已经成为丝织物的一大类，到了两宋辽金时期，缎的种类增加得很快，而明清时期这种织物已经十分流行了。

在唐朝时，很多过去没有使用过的布料都开始使用，之前已经存在的布料，其制作技术也在唐朝得到了很大的发展。唐朝时期布料工艺的发展为后世提供了良好的基础。到今天，我们依然沿用唐朝的一些技术，并且在此基础上研制出了更多的化学材料，比如当今十分流行的雪纺纱，和唐朝时期的纱相比，更加柔软舒适，但和真正天然的材料相比，还是少了一些质朴和韵味。

私藏布料要不得 | 禁忌

尽管唐朝的纺织品种类已经不少了，盛行于民间的种类也很多，但当时的社会等级划分得很严格，有些昂贵的布料不是随便什么人都能用的。比如在武则天统治时期，朝廷就有规定，一般人家里不可以私藏丝绸，不管你多大的官，家里有多少钱，皇帝说了不准私藏就是不准私藏。有人还真就不信这个邪，心里想，我就藏点布料，逮着还能怎么着啊，大不了把布料充公就完事了呗。人不能抱有侥幸心理，在那个时候有一个叫侯思止的人，他以前很穷，靠卖饼维持生计，吃了上顿没下顿。有一次终于让他逮到一个飞黄腾达的机会，他举报了唐高祖李渊的儿子李元名意图谋反，从而得到了武则天的重用，并一步步得到高升，最后官拜御史。在他当御史的这段时间，很多人都遭到了他的迫害，因为他动不动就要网罗点罪名，加在他看不顺眼的人的身上，制造了很多冤假错案。就这么一个在武则天面前大红大紫的人，只因为壮着胆子违抗武则天的命令，在家里私藏了不少丝绸，结果被抓了起来。那些吃过他苦头的官员在负责查办这案子的时候，借着这个机会，就把他给杖杀了。

总之，在唐朝做衣服的时候可选择的布料十分丰富，样式和其他朝代相比也增加了很多，现在的很多面料都是在那个时代的基础上研发出来的。因此可以说，唐朝的服装面料也是很前卫时髦的，以至于到了一千多年后的今天，人们仍然可以在品种繁多、款式翻新的时装中找到它们的影子。

第二章 咱得对得起这张脸

（一）化妆也要有一套｜化妆篇

化妆可以装点女人的门面｜多彩的妆容

不管在什么年代，对于女人来说，化妆就好像门面一样重要。女人天生爱美，而从某方面来说，脸好不好看更是衡量一个人美丑的关键，所以女人在脸上下的功夫向来都很大。甚至有很多女孩子如果不化妆就没办法出门，因为怕别人谈论自己的长相，或者化妆已经形成一种习惯了。

在唐朝时，化妆更是一件大事。既然唐人的服装都如此大胆时尚，能一直影响到现代，那么化妆的水平也一定不低吧？

我们一直在说，唐朝女子对于时尚的触觉比我们现在还要敏锐，那时流行的东西更新换代速度很快，稍不小心可能就会变成"自以为很时尚，实际上很乡土"。白居易在《上阳白发人》里写道："小头鞋履窄衣裳，青黛点眉眉细长。外人不见见应笑，天宝末年时世妆。"这首诗给我们讲了一个什么样的故事呢？说的是宫女们，在皇宫里度过了四十多年光阴，这四十多年里，她们就在宫里待着，也不和外界接触，所以一直保持着进宫时最时髦的打扮，这身打扮在当时绝对是最时尚的，但时间过了四十多年后，当初流行的东西却已然成为过时的"老土"款，而这些女人却一点都不知情，仍然以为自己是处于时尚的最前端呢。这个故事告诉我们，在中国的唐朝已经有了非常明确的时尚概念和"时世妆"的说法，而且唐代女子对时尚狂热追求的劲头一点都不输我们现在的女孩子。

上面说到了一个概念："时世妆"，那什么叫作"时世妆"呢？这个词最早也是出自白居易的笔下。在《全唐诗》中收录有白居易的一首诗，诗的名字就叫《时世妆》，里面写道："时世妆，时世妆，出自城中传四方。时世流行无远近，腮不施朱面无粉。乌膏注唇唇似泥，双眉画作八字低。妍媸黑白失本态，妆成尽似含悲啼。圆鬟无鬓①堆髻样，斜红不晕赭面状。昔闻被发伊川中，辛有见之知有戎。元和妆梳君记取，髻堆面赭非华风。"从这首诗中我们不难发现，所谓的"时世妆"其实就是指最流行的妆容，所以说，哪怕是用现代的眼光去看唐人，他们也依然是时尚、赶新潮的。那么接下来我们就详细说一说，唐朝那些时髦程度不亚于现代的"时世妆"都有哪些种类，各是什么样子。

色彩斑斓晕天空｜晓霞妆

首先，我们要介绍的这个妆容是极其有个性的，而且还有一个很好听的名字——"晓霞妆"，听上去是不是十分的浪漫呢？一下子就让人联想到天刚蒙蒙亮时的朝霞，那种被红橙色晕染的天空，呈现出绚丽的斑斓色彩。但事实上，这个妆容只是名字很华丽而已，真正看上去也并没有朝霞的美感，如果你知道它的另一个名字——"斜红妆"，就能猜个八九不离十了。其实，这个妆容不过是用胭脂在脸上斜画一道而已。

在唐代张泌的《妆楼记》里，有一段话是描述这种"晓霞妆"的："夜来初入魏宫，一夕，文帝在灯下咏，以水晶七尺屏风障之。夜来至，不觉面触屏上，伤处如晓霞将散，自是宫人俱用胭脂仿画，名晓霞妆。"这里面的"夜来"并不是说夜已经深了，而是一个人的名字，原名叫薛灵芸，是魏文帝曹丕的妃子。据说她不仅相貌绝美，而且缝纫技术巧夺天工，简直是"此技只应天上有，人间哪得几回见"，因此被人封为"针神"。魏文帝很喜欢这位妃子，自己穿的衣服皆出自"针神"之手，可见对她的爱之深。

这位薛美女刚入宫的时候，因为不熟悉路，不小心把脸撞到了屏风上，

---

① 无鬓：一作垂鬓。

出现了一道瘀血。魏文帝一看，好家伙，这下子更漂亮了，美人脸上的血痕就好像清晨的太阳将要升起时一样美艳，也就是"伤处如晓霞将散"。看看，说得多么好听，简直就是一派胡言，把脸上添一道伤口，能好看到哪里去？但是魏文帝就是喜欢。要不怎么说每个人的审美都不一样呢，而且笔者深深觉得，这完全就是魏文帝一种爱屋及乌的表现。一个男人如果喜欢一个女人，那么这女人就是披个麻袋，在他的眼里也能看出万种风情；如果不喜欢的话，呼吸是错，哭笑是错，就连活着都是错。不管怎么说，皇帝觉得这样漂亮啊，那些宫女为了讨皇帝喜欢，也都来模仿薛灵芸。但总不能真的把脸弄伤吧，所以宫女们就仿照那伤口的形状，用胭脂在脸上斜画一道。这就是"晓霞妆"的由来。

△图为晓霞妆，也称为"斜红妆"，是中国古代女子位于眉尾至两鬓间的一种面妆。斜红确切的起源已不可考，但能确定的是在南朝梁时就已经有这种面妆。成书于南朝梁的《玉台新咏》中的"艳歌篇十八韵"有"分妆间浅靥，绕脸傅斜红"之句，说明当时已经有斜红这种妆饰。斜红妆在唐宋两朝相当盛行

这种"晓霞妆"起于三国时期，却在唐朝得到了极大的推广。唐朝那些时髦的女人在追求美上已经无所不用其极，不知道怎么就心血来潮想起这个"晓霞妆"来了，于是这个妆容在初唐时期还真的是火了一把。只不过唐朝的美女们好像更"专业"一些，她们在魏晋时期"晓霞妆"的基础上加以改良，描绘出的斜红也变成了以太阳穴为基准，工整得就像弦月一样，而繁杂一些的就像新生的伤痕。有一些人为了造成一种视觉上的残破美，还特别在斜道的下面，用胭脂晕染成血一样的感觉。因此"晓霞妆"的另一个名字"斜红妆"就诞生了。

其实，这种"晓霞妆"拿到今天来看，就和我们现在的"伤痕妆"如出一辙，只不过现代的伤痕妆大都应用在影视剧等方面，还有一些cosplay的爱好者也会使用这种妆容。但单从先进程度上来看，早在唐朝时的人们就能发展出这样的化妆术，不得不说令人惊叹，他们就连这方面都走在了世界的前头。只不过，如果这种妆容在今天成为主流妆的话，在大街上一定很影响路人的情绪，因为人们无法判断这个女人是因为事故受伤还是自己心甘情愿把脸变成这副模样。

怎么掩盖我们的大脸呢？ | 落梅妆

我们要介绍的第二种妆容叫"落梅妆"。这种妆容的流行还带着点神话色彩。

"落梅妆"最开始也不是在唐朝出现的，而是在南北朝时期。那个时候在南朝有个叫"宋"的国家，这个"宋"并不是后来的那个宋朝，而是南朝四国中的一个。宋国皇帝宋武帝有个女儿，叫寿阳公主。这位公主长得什么样呢？用现在的话说就是没见过这么漂亮的了。这位寿阳公主十分喜欢梅花，常常到园子里去赏梅。有一天，走着走着就觉得累了，于是躺在殿前稍作休息。就在这个时候，一朵梅花正好掉在了她的前额上，而令人感到惊奇的是，她的前额上因此留下了五瓣梅花形的淡红印痕。寿阳公主也是个爱美的女孩子，她一照镜子发现额头上的印迹让她别有一番风情，

△图中所示女子所化为落梅妆,此图为新疆吐鲁番出土的绢画局部

于是以后在化妆的时候,就特意仿照落梅,在额头上加一个梅花形的印记。由此,"落梅妆"便诞生了。

在哪朝哪代都有跟风的人,有人一看连公主都这么化妆,就跟着学了起来。"落梅妆"在民间还大盛过一段时间,但后来寿阳公主不知道为什么开始修身养性,穿着也愈加质朴,这种妆容便也就没有那么流行了。

而到了唐朝年间,我们都知道,这时候"以胖为美",所以唐朝的女子很多都是胖胖的。一个人胖起来脸自然也就大了,为了掩饰自己的大脸,唐朝的女孩子就想着在脸上捣鼓一些东西,以使自己的脸显得瘦小一些,因此,"落梅妆"得以再次流行起来。南北朝时的"落梅妆"一般都是以金箔剪成梅花的模样贴在额头,因为真正的梅花瓣并不是一年四季都有。而唐朝的美女们又进行了改良,材料已经不只局限于金箔,还有用纸片、玉片、干花片的,更有甚者用鱼鳞片,还有用蜻蜓翅膀的,真是"唐朝盛世多奇葩"。而形状也从最开始的梅花等花形，发展到动物形，什么小鸟小鱼小蝴蝶，只要是漂亮的小东西都能拿来做额妆的造型。唐朝的女孩子由于脸盘儿比较大，因此额妆的贴片也比其他朝代的那些要大得多。因此这种妆容自此也叫"花钿妆"，意思就是在脸上贴片。

后来，由于宋朝崇尚简约，这种夸张的面饰也就渐渐地衰落了，但却经由种种途径流传到了外国，直到今天，在印度等一些国家，仍然有妇女喜欢在额头上贴片，化这种"花钿妆"。在有段日子大热的电影《少年派的奇幻漂流》中，派的母亲额头上就化了这种"花钿妆"。而经过改良后，在米兰时装周中，设计师还特意将金箔花钿元素添加到妆容里，大块亮片代替了眼影与眉妆的打造，合二为一的创意带来眼前一亮的妆容效果。

看到了吗？连那些大牌的时尚设计师都借用这种"花钿妆"的效果，我们只要一想到在世界范围内广泛流行并在时尚界获得重视的妆容在唐朝时期就已经大为流行，是不是有一种很自豪的感觉呢？总之，只有民族的，才会是世界的。

渐变色一直很流行｜酒晕妆、桃花妆和飞霞妆

接下来要出场的三种妆容分别是"酒晕妆"、"桃花妆"和"飞霞妆"。为什么要把这三种放在一起说呢？因为它们的化妆步骤和所用的材料都是大同小异的，只不过在浓艳程度上有一点区别，而正是这一点点的区别，造就了这三种同宗却不同式的妆容。

所谓"酒晕妆"，就像字面上的意思一样，化这种妆的女人，看起来就像是喝醉了一样，脸上有着深深的红晕。

常去酒吧的人都知道，在昏暗的灯光下，一些喝得微醉的女子，脸颊微微泛红，却又不是严重醉酒，看起来让人心疼，惹人怜爱。而唐朝时的这个"酒晕妆"就是要营造这种效果，使这些美女即使没有喝酒，也能通过化妆来达到酒醉后的妩媚效果。这种妆容很受当时女人们的欢迎。这种

△此图为《弈棋仕女图》局部,图中的贵妇的面妆名为"酒晕妆"。唐代是一个在面妆上讲求富贵华丽的朝代,因此,浓艳的"红妆"成了面妆的主流,许多贵妇甚至将整个面颊,包括上眼睑乃至半个耳朵都敷上胭脂

妆容的化妆步骤和现代的化妆步骤几乎是一样的，都是先在脸上涂粉——那个时候叫作鹅蛋粉，现在则叫作散粉或者粉底液，也有用BB霜的——然后再在脸上涂上浓重的腮红。几个简单的步骤，一个招人爱怜的妆容就完成了。

在这个基础上，腮红施加的多少，决定了妆容名字的变化。深的这种就是"酒晕妆"，浅的就叫"桃花妆"，而"飞霞妆"则正好处于两者之间。"飞霞妆"据说后来传到了日本，日本艺伎的两腮大都是化这种妆的。可见唐朝化妆术的流传之广，影响力之大。反过来看我们今天，日本和韩国的化妆术反倒成了潮流典范，中国人过了千年以后，竟然开始借鉴当初向自己学习的国家，这点与繁盛的大唐相比，还是让人有些羞愧的。

自古以来，有很多形容女子漂亮的词，崔护的诗中写到"人面桃花相映红"，这种粉嫩嫩的脸庞也被称为桃花面。而上述三种妆容流传到当代，当数"桃花妆"在女孩子们之间最为流行。因为它的腮红打得并不让人觉得夸张，而且一般都是在扑粉、打上腮红之后，再扑上一层薄薄的粉，这样涂出的腮红，能够很好地打造出"白里透红"的独特效果。再加上传说，化这种妆还能够走桃花运，因此更是吸引了众多渴望爱情的小女生，吹起了一股流行风。想漂亮？想吸引"白马王子"？不管出于什么心理，学会这种化妆术是女孩子的不二之选——把自己打扮得面若桃花，就算照照镜子心情也好啊。

奇葩是不分朝代的 | 三白妆和泪妆

接下来，一种叫作"三白妆"的妆容，就要隆重登场了。这算是一种特殊的化妆方法。三白，就是在三个地方涂上白白的香粉。这三个地方就是额头、鼻子和下巴，看到这里有人可能想起了什么——额头、鼻子，不就是我们现在常说的"T字区"吗？"三白妆"的作用就是增强面部的立体感，类似于今天的"亮色""提亮"，但因为它的特点很鲜明，能够打造出整个脸的立体效果，在当时还属于一种特殊的妆容。可是到

△图为《虢国夫人游春图》，此为宋摹本，原作已失，摹本犹存盛唐风貌。此图原作曾藏宣和内府，由画院高手摹装。在两宋时为史弥远、贾似道收藏，后经台州榷场流入金内府，金章宗完颜璟在卷前隔水题签，指为宋徽宗赵佶所摹

了今天，这种妆容已经成为少女们美化脸部造型时普遍使用的方法了。

在唐朝时，还有一种更加独特的妆容，叫作"泪妆"，也叫"哭妆"。这个妆容是谁发明的呢？就是那个大名鼎鼎的敢于素面朝天的杨贵妃的姐姐——虢国夫人。传说这个虢国夫人长得十分漂亮，漂亮到什么程度呢？就是在上朝见天子的时候，也敢不施粉黛就前往，而唐明皇却仍然觉得这个女子美艳非常。

《集灵台·其二》这样描写虢国夫人国色天香的容貌："虢国夫人承主恩，平明骑马入宫门，却嫌脂粉污颜色，淡扫蛾眉朝至尊。"足以见得这个女人长得有多漂亮。但她也并不是真的脸上什么都不抹就去见皇上，只是没化那么浓的妆而已，只是在脸颊的两侧淡淡地扑了些素粉，也大致类似于今天区别于彩妆的淡妆。在五代王仁裕的《开元天宝遗事·泪妆》中提到"宫中嫔妃辈施素粉于两颊，相号为泪妆"。这也就是泪妆的由来，而在虢国夫人之后，众宫女觉得这样是挺漂亮的，因此都开始纷纷效仿，"泪妆"在宫里流行一时。

但我们知道，古代人是十分迷信的，这种"泪妆"由于化完之后，

给人一种哭丧着脸的感觉，因此并不受一般人的欢迎。更何况，这种淡妆实在只适用于天生丽质的女孩子。要说这个人长得漂亮，就是什么都不往脸上扑，也是个美人坯子，而自打娘胎里出来就不那么出众的女子，一般都得靠化妆来掩盖自己脸上不太尽如人意的地方。这正如西施皱眉漂亮，但东施效颦可就不那么美好了。因此，虢国夫人可以素面朝天，但这不代表每个宫中的女人都可以这么做，她们化上这种妆之后，一个个果真就跟哭丧似的，被很多人认为是凶兆。无巧不成书，在这个妆容流行不久之后，就爆发了历史上著名的"安史之乱"，也不知道是不是真的应了众人的说辞了。

如今，也有一些女子化一种"泪妆"，但是这种"泪妆"和唐朝时的泪妆并不完全一样，现代的泪妆并不是靠淡妆来营造效果，而是通过眼影和眼线笔来打造出那种看上去楚楚可怜的模样，也有的人在眼角的下方贴上水晶亮片，形成一种泪滴的效果。但从名字相同这一点来看，这个创意的效果其实与唐朝差不多，都给人一种有些哀伤的感觉。

没有最怪只有更怪｜时世妆和血晕妆

最后，还有两种不得不提的妆容。首先要讲的就是在本章的最开始我们提到的"时世妆"，虽然"时世妆"这个词被笔者用来代表了化妆术的流行，但其实它也是化妆术中的一个品种。众所周知，李唐王朝原本并不算是中原的血统，而是由北方游牧部落中的关陇军事集团起家的。所以即使在入主中原之后，也保持了一部分胡人的习惯，比如唐朝女子好穿胡服等。而在化妆上，自然也留有这种异族的风情，"时世妆"就是其中的代表。

"时世妆"具体是什么样子呢？白居易的《时世妆》里还有这么几句："腮不施朱面无粉"，"乌膏注唇唇似泥，双眉画作八字低"，"斜红不晕赭面状"。不用太多解释，单看句子想必大家就能明白其中的意思：化妆的时候，不扑粉，也不用腮红，而是涂成赭红色。赭红色就类似于今天红砖的那种颜色，大家想象一下，把脸涂成那样还好看得了吗？不仅如此，还在嘴唇上涂黑色的唇膏，再把眉毛画成八字眉。这么奇特的化妆方法弄出来的分明就是一个"囧"字啊！不说不知道，一说真让人吓一跳啊，怪不得连大诗人白居易都看不下去了，还特意写了一首诗来讽刺这种不知美丑的现象。但对于一味追求时尚的女子来说，这种当头棒喝恐怕也没什么效果。但是这种妆容并没有流行到今天——虽然唐朝的很多流行元素都得到了继承和发扬，但现代女孩子的审美还是正常的，尽管也有一些女子喜欢涂黑色的口红来突显自己的与众不同，但并没有其他和"时世妆"类似的元素，如八字眉什么的，因此在心理和视觉上也并不是太让人难以接受。

除了"时世妆"外，还有一种叫作"血晕妆"的化妆方法。说到这个"血晕妆"，笔者也有一种想要晕倒的冲动。介绍了这么多神奇的妆容，大家大概也了解到，唐朝美女们的化妆术比现在还要大胆，又是在脸上弄出伤痕，又是把自己搞得好像喝醉了一样，还有哭丧脸妆啊什么的，最让人不能忍受的"时世妆"虽然画的是八字眉，但好歹还算有个眉毛。而这个"血晕妆"的化妆基础，根本就是完全没有眉毛啊！你没看错，就是没有眉毛，即使有眉毛也要刮掉，让自己变成"蒙娜丽莎"！这也太刺激了吧。大家想象一下，一个女人，没有眉毛，然后在眼睛周围用腮红打散成红晕，呈现出血一样的效果，是不是很恐怖？

如今，我们也有一种叫作"烟熏妆"的化妆方法，其浓烈程度比较类似"血晕妆"，虽然一度也不被一些人所接受，但相比唐朝那个连眉毛都没有的大胆造型，已经好太多了啊。

现在很多的穿越小说都喜欢把背景定在唐朝，因为唐时较开放，似乎很适合现代人生存。但是看过唐朝的这些简直奇葩到极点的化妆术，各位还会想穿越过去吗？说句实话，就算我们现在的女孩子真的穿越过去了，在时尚和大胆方面没准还真就不如当时的唐人，想和那些厉害的唐朝女子在皇帝面前争宠，恐怕并不是那么简单的。

而如果你是个男人，不小心穿越回唐朝了，看到大街上尽是奇特装扮的女子，不知道那被现代社会熏陶出来的享受和平的心脏能不能承受得住那种冲击。如此看来,我们还真应该佩服唐朝男子的包容程度,不管是皇帝、官员,还是文人墨客,看到满脸是血污和伤痕、没有眉毛又涂着黑唇的女子,不但不害怕,反倒爱得死去活来,不得不说他们那坚强的心脏和大胆前卫的审美真的是别具一格啊。

(二)镜子啊镜子,我是不是世界上最美丽的女人?
化妆周边篇

镜中照美人 | 唐朝的镜子

"镜子啊镜子,我是不是世界上最美丽的女人?"大家都知道这句很有名的台词,来自《格林童话》中白雪公主的故事。虽说这是一个西方的童话故事,但大致也看得出来,在追求美这件事上,不管是东方还是西方,不管是古代还是现代,美人们都有一种锲而不舍的精神。而在这个追求美的过程中,最不可或缺的东西就是镜子。

这是理所当然的吧!如果没有镜子,我们怎么知道自己的妆容是不是漂亮?怎么知道穿的衣服是不是得体呢?所以说,镜子,不管在哪个朝代,不管在哪个国家,都在人们的生活中占据了重要的地位。

在宋元之前,我国的美女们使用的镜子一般都是圆形的铜质镜子,并不像现在

△图为唐瑞兽葡萄镜,出现于初唐,流行于盛唐,即从唐高宗到唐德宗时期。这个时期的铜镜大量采用瑞兽、凤凰、鸳鸯、花鸟、鸾凤、葡萄等纹饰

一样，是玻璃制品。除了圆形以外，还有类似椭圆形、菱形和葵花形的镜子，总之说来说去，大体上还都是和圆形比较接近的形状。

在那个时候，制作镜子的工匠还是很吃香的。毕竟那个时期的镜子不仅需要前期制作，还需要后期的保养。我们知道，铜镜是把铜打磨抛光制成的，本身清晰度就不是特别好，再加上摩擦和损耗，用的日子久了就会留下磨痕，镜面就会变得暗淡。这种时候，工匠就要重新出马，再用砂轮打磨镜面，只有这样，才能保持镜子的光滑清晰。

虽然铜镜的制作工艺比玻璃镜落后，但在古代，比起用水照影的做法，铜镜已经是很方便很美观的时髦用品了。当然，在唐朝时，鉴于古代人的迷信，镜子还被赋予了另外的意义——人们认为镜子有着不为人知的魔力。古代人不知道月食，他们认为月食是"天狗食月"，也就是一种叫作"天狗"的怪物把月亮给吃掉了。因此，每到月食发生的时候，他们就会把自己家的镜子拿出来，对准月亮照，认为这样就能吓跑天狗，避免月亮被吃掉。还有一种关于"照妖镜"的说法，认为有一些有魔力的镜子，在照到妖怪的时候，可以使妖怪现出原形。当然，直到今天为止，我们也没听说过有什么镜子真的照出了妖怪，但一些老人家还是保留着这种习俗。有些老人会在自己家的窗台上放镜子，镜面朝外，目的是把自己家的霉运都反照出去，也有关于"镜子照房就会带来霉运"的说法。看来人们对镜子的想象力还真是丰富啊。

收纳自有一套|化妆盒

我们都知道，有很多爱美的女性喜欢把镜子和化妆品随身携带，以便随时整理妆容。这种能带在身上的镜子都做得很小巧，有的可以装在化妆盒里。那么我们就顺便来说说化妆盒，与现在用的化妆盒不同，在唐朝之前，并没有固定用来存放化妆品的器物。而到了唐朝时期，随着经济不断繁荣，政治渐渐稳定下来，人们也就有了闲暇时间来研究一些花哨奢侈的玩意儿。因此，一些装化妆品的器具也就应运而生了。如今在北京故宫博物院中，还能看到当时用来盛香粉的盒子。那些化妆盒大都制作精美，在上面雕刻着各种各样的美丽图案。现在市面上的化妆盒很多都是模仿当时的样式制作的，很受女孩子欢迎。

除了装香粉、胭脂等的化妆盒外，唐朝女子还有自己的首饰盒，什么梳子、簪子、项链、耳环，都可以放进去。而唐朝女皇武则天，还有一个更加神奇的首饰盒，盒子的上部是一个镜台，下部是两个隔断。当她准备化妆的时候，一个隔断的盖子能自己打开，里面会出现一个宫女的木雕，手里拿着毛巾和梳子。使用完之后，把这两样东西放回到宫女的手里，这个"宫女"就会自己回到隔断当中，盖子也会自动盖上。这边隔断盖上之后，另一个隔断就会打开，里面也有一个"宫女"，手里拿着各种化妆用品，什么胭脂水粉啊，石黛发簪呀，用完以后物品归位，也一样会自动合上。怎么样，很神奇吧！比我们现代用的化妆台要高明不知道多少倍。即使是现在的能工巧匠，如果不借助电力的话，恐怕也没有办法做出这么神奇精妙的机关，但在唐朝，就有人可以做得到。同过去相比，某些方面我们究竟是进步了还是落后了，这真是一件值得深思的事情啊。

（三）用天然材料保养皮肤｜化妆品材料篇

皮肤保养最重要｜古今都注重的皮肤保养问题

与唐朝的服装面料同理，唐朝的化妆品也大都源自天然。当然，中国的化妆品可不是唐朝才出现的，唐朝之前，爱美的人们早就开始研究怎么打扮自己了。史料显示，至少从商朝开始，就有人研究如何制作美容品了。那个时候有"纣烧铅作粉"的记载，也就是说，商朝的最后一位统治者纣王，已经知道可以用铅制成香粉涂在脸上，起到增白的作用。但是由于制作工序复杂，那时候的香粉成本很高，除了皇室的人之外，寻常百姓是不可能用得起的，所以也就没有普及开来。

就这样，中国人对于化妆品的研究一直延续下来，历朝历代都会发展出适合那个时代的美容方法和化妆品。而到了唐朝的时候，由于社会稳定、经济繁荣，就连最底层的老百姓都日益追求美，整个社会的审美品位味自然也有了显著的提升。"女为悦己者容"，这一观念在唐朝女子当中得到了前所未有的发扬。因此，唐人在对美容品的追求上，也要比其他朝代更甚。

要对草莓鼻说NO｜如何去黑头？

现代人喜欢通过贴面膜来改善肤质。什么美白啊，去黑头啊，都是靠贴面膜来实现的。但看着这些面膜包装后面的成分列表，各位有没有一点担忧呢？各种化学产品就这样涂抹在脸上真的没有问题吗？答案从身边就能找到——我们会发现，尽管有些女孩子确实找到了适合自己的面膜，改善了肤质，但也有不少女孩子因为选用了与自己皮肤不合的化妆品，结果反而把皮肤弄得越来越糟，更有甚者还产生了过敏等现象，这样的结果可就与追求美的初衷背道而驰了。

而唐朝就不一样了——在唐朝，化妆品使用的材料都是纯天然的，几乎没有什么污染，即使有不怎么靠谱的成分，它的副作用也要小得多。比如我们翻开一本当时药剂师的手稿，它记载了一项有关怎么去黑头的方法：用蝙蝠的脑浆当面膜。捉到蝙蝠后，在它还活着的时候，获取它的脑浆，然后将这新鲜的脑浆涂在脸上，可以除去黑头。看到这儿有没有感到恐怖，美女们？你们是不是以为纯天然的材料就很容易得到？虽然蝙蝠并不罕见，但假如真让你们为了自己的美丽去取活蝙蝠的脑浆，你们是否下得去手呢？

天然面膜才健康｜美白和面膜

上面说的是如何去黑头，此外唐朝也有类似于美白面膜的东西。如果你不小心穿越到唐朝，还恰好来到了当时的宫里，就会发现那里的后宫女性使用的美容方法特别多，简直能写成一本手册。翻阅这样一本手册，你可能会看得眼花缭乱，甚至要在心里暗暗地佩服：在美容造诣上，也许我们现代人只学到了一点皮毛呢！

对于皮肤不够白的女孩子来说，可能美白的方法更能够吸引她们。那么就让我们把手册翻到关于美白的部分，看看唐人是怎么做的。根据记载，在当时的娘娘、妃子甚至宫女们之中流行一种食疗美白法，也就是采用天然材料制成类似营养品的东西，其中包括晒干的橘子皮、晒干的冬瓜子以及桃花瓣。将这些东西放在一起捣烂、碾碎，最后用筛子过滤成细细的粉末，每天三次用开水冲服，每次一茶匙。

如果按照手册所说，每天按时服用，大约过三十天后，你就会惊喜地发现，自己的皮肤不仅比以前细嫩，而且变得又白又有光泽，简直能掐出水来。而达到这种效果所需的东西，并不是我们现在的化妆品宣传中所含的藏红花、人参、珍珠等名贵材料，反而都是一些随处可见、唾手可得的便宜货。看来和唐朝的美女相比，我们的美容方法不见得有多先进呀！对于唐朝的美容前辈们，我们实在应该一边仰视，一边取其精华、去其糟粕，用其促进现代美容业的发展。

以胖为美？那你错了 | 瘦身

美白和改善肤质的问题解决了，你可能又对自己稍显臃肿的身材感到不满意。虽然唐朝流行以胖为美，但胖不代表臃肿，即使胖也还要前凸后翘，有腰有臀，也就是俗话所说的丰满。试想，如果杨贵妃长成水桶形身材，恐怕无论哪个时代、无论多重口味的皇帝，也不会对这种女人感兴趣，更不用说违背伦理、把她从自己的儿媳妇变成宠妃了。

既然唐人同样重视身材，那么他们当然也研究过塑身的方法。譬如我们在一些唐代的医学手册中，会见到有关于瘦腰的方法，而使用的材料仍旧是树上的桃花。桃花要选择那种花苞，只挑三朵含苞待放的即可，然后也是碾碎成粉末状，再将粉末和酒混合，每天在三餐前服用一小勺。据记载，这种方法不仅可以瘦腰，对提亮、改善肤色也有显著的作用。看来桃花是一种好东西，有兴趣的朋友可以在初春时节桃花开放的时候，依照手册所说，采摘桃花进行尝试，也许会收获意想不到的惊喜哦。

干燥要不得｜保湿

在唐代医学手册中，也有关于如何补水、防干燥的方法。我们都知道，皮肤一旦缺水，便很容易衰老，脸上不仅会出现"爆皮"的情况，还会产生干纹、细纹，这种情况对于爱美的女性保持青春是极其不利的。现代人通常采用的应对措施，就是在脸上涂抹各种各样号称可以一整天保湿、永远留住青春的护肤品，一些大品牌的化妆品更是每天在电视、网络、路边广告上对我们进行集中轰炸。每一个心存希望的女孩子看到广告上所说的奇特功效，都会禁不住诱惑，掏出大把大把的钞票去购买这些护肤品。虽然人们也知道，岁月的痕迹并不是通过简单的几瓶护肤水就能够抚平的，但还是常常心存侥幸，去试验各种被吹得神乎其神的美容品，为的就是使自己的青春可以在脸上多停留哪怕一会儿。"最是人间留不住，朱颜辞镜花辞树"，这不得不说是每一个女人心中的不甘和遗憾啊。

那么，在崇尚美丽的唐朝，女人们又是用什么方法来给面部保湿的呢？在医书里是这么记载的：她们会通过搽脸油和护肤乳来保护自己的皮肤。你没看错，和我们现在用的护肤乳还有橄榄油等保湿产品差不多，她们也会在自己的脸上搽这类东西，来保持面部湿润。不过显然，她们用的材料更加天然，对健康更为有利。

接下来介绍一种护肤品的制作方法。这种方法只需要三个鸡蛋和一坛好酒。具体的做法也很简单，就是把这三个鸡蛋泡在酒中，然后用蜡把酒坛子密封起来，以这种状态保存二十八天后，再拿出来就可以使用了。这种护肤品据说可以让皮肤又嫩又滑，娇艳欲滴，怎么样，有没有觉得动心呢？

当然，如果上面的这种方法你也觉得麻烦，唐人还有一种更简单的方

△《簪花仕女图》的艺术价值很高,是典型的唐代仕女画标本型作品,能代表唐代现实主义风格的绘画作品。画中描绘的是唐时贵族妇女的日常生活。由于唐代的社会政治比较开明,因此反映现实生活的作品才能够流传下来

法——在农历七月初七的当天,在脸上和身上涂抹乌鸡的血,连续涂抹三次即可,传说这种方法也可以让皮肤变得光滑有弹性。不过,这个听上去就有一股子血腥气扑面而来,而且是不是真的有用,或者说用人工饲养、吃饲料长大的乌鸡,会不会使效果大打折扣,笔者都不敢保证。如果有人愿意当小白鼠,胆子又大,倒可以试试这个传说中的办法。如果真的能够达到理想中的效果,又何乐而不为呢?

除了搽脸油之外,唐朝也有护肤乳。制作的方法就是取丁香、肉豆蔻等四种香料,用丝绸包起来,然后浸泡在酒里面。如果天气比较炎热,通常浸泡一个晚上就行了。而在凉爽的季节,比如春秋两季,则要延长浸泡时间,需要两个晚上左右才能成功。至于到了冬天,就更要浸泡得久一些,三到四天吧。总之就是气温越低,浸泡的时间越长,否则达不到应有的效果。

浸泡好之后,将酒倒入铜质罐中,再加进一些芝麻和猪油,然后把这些东西混合而成的液体放到火上煮,煮至沸腾几分钟后,将大火改成小火,像

煲汤那样慢炖,并加入一包香料,直到把液体全部蒸发掉。接着拿一根燃烧着的木棍放进这份混合物中进行试验,如果木棍伸进去后火完全熄灭,并不会继续发出"哒哒"的声音,那么恭喜你,一份纯天然的护肤乳就制作成功了。

虽然现存有这种护肤乳的制作过程,但是手册上却没有明确写出使用的香料到底都是哪些,这点令人很郁闷。如此爱美的唐人发明的东西,材料和制作工艺又都比较靠谱,效果应该是有一些的,如果真的能知道具体是什么香料的话,我们就可以在家里自己动手 DIY 一下了,真是可惜了。

白里透红,与众不同 | 粉饼和腮红

以上讲的都是关于护肤的方法,从这些方法中可见唐人使用的护肤品都接近于纯天然,而美容功效也还算不错。除了涂抹护肤品,唐朝那些爱美的女人在时间和条件允许的情况下,还会像我们今天一样,去做一些美

容护理啊，SPA之类的事情，来使自己的皮肤达到最佳状态。

除了保养，美容还有一个至关重要的部分，那就是通过人工的方法对自己的脸部进行粉饰，也就是化妆。我们现代人会用粉底或者BB霜来使皮肤更加白皙，用腮红来使面部看起来红润粉嫩，用睫毛膏使自己的睫毛看起来更加浓密修长，以达到使眼睛看起来更大的效果。但是，唐人可没有这些高科技产品，那么他们的化妆品又是怎么做出来的呢？

首先我们就来说说粉底。在脸上扑粉以使皮肤更加白皙，从古至今所有爱美的女性都是这么做的。《淮南子》有云："漆不厌黑，粉不厌白。"说的就是女人们对于美白的追求，当然是越白越好。不过，制作粉的材料在古代可就没有那么健康了，因为主要的原料是铅，铅是具有毒性的。这点非常不好，但因为这是最古老最有效的一种增白方法，因此还是广为使用。即使到了今天，很多美白的化妆品，如BB霜、粉底、隔离霜等也仍含有铅、汞等金属元素。虽然制作厂商都打着纯天然的旗号，但多多少少都会添加一些这样的成分，否则单靠植物来使人瞬间增白，目前还没有这样的技术。

前面说了，铅粉这种东西在商朝就已经出现，只是因为成本太高，没有普及。但随着社会生产力的不断发展，到了唐朝，铅粉已经可以大面积地投入使用，满足更多人的需求了。但众所周知，铅粉有很大的副作用，在连续涂抹一段时间再停止使用后，皮肤会变得更加灰暗，这是因为铅会慢慢渗透到皮肤里，使皮肤氧化。

而在唐朝，铅粉的副作用更为显著，因为唐朝的女人比较开放，穿的衣服大都露出胳膊，甚至胸部以上都裸露在外。因此她们使用铅粉的部位比其他朝代的女人更多，脖子、胸前、手臂，都要搽铅粉来美白，因此也给皮肤造成了更多的伤害。再加上这种铅粉在放置一段时间后，自身也会因氧化而开始变黑，十分不方便保存，因此唐人越来越少使用铅粉了。

那么，他们用什么来代替铅粉呢？答案就是米粉。看好了，是米粉，不是面粉。你一开始想的是不是面粉呢？——因为我们一般吃的大米都是一粒一粒的，只有小麦通常被磨成粉。但实际上，大米也可以磨成粉，而且增白效果还不错，一定程度上是可以代替铅粉的。

唐人将米研成细细的粉末后，再往里面加入香料，就制成了类似于今天的粉底的东西，虽然其附着力和效果都比不上铅粉，但胜在够健康，够天然，因此也受到大部分女人的欢迎，也有着不错的市场。

大家都知道，胭脂水粉是对女人的化妆品的统称。既然提到了粉，我们就顺便也说一说胭脂。胭脂在古代也叫作红妆，最开始人们制作胭脂大都采用朱砂作为原料，当然朱砂中也含有铅，叫作铅丹，是经过了氧化的铅再加入红色的颜料。前文我们已经说过，铅对人的健康不利，因此这种朱砂胭脂也并不是很受欢迎。真正被广为使用的是一种植物制成的胭脂，这种胭脂并不是产自中原，而是汉朝张骞在出使西域的时候，从西域引进的。

据史书记载，张骞在西汉时期出使西域，途经一个叫"焉支山"的地方。这个地方在今天的甘肃省，但在当时并不属于大汉的版图，而是归西域所有。"焉支山"这里盛产一种叫"红蓝草"的植物，这"红蓝草"就是日后用来制作胭脂的原材料，匈奴的女人们都用这种东西制成胭脂搽在脸上。张骞一看，嚯，这东西不错啊，带回去一定会大受宫中女人们的欢迎。于是就为西汉引进了一批"红蓝草"。果然不出所料，这东西一出现，就遭到了疯抢，几乎完全取代了原来使用的朱砂。

于是，这种新的化妆品就随着张骞的西域之旅出现在了中原女人的日常生活中。因为"红蓝草"的出产地叫"焉支山"，因此，这种可以涂红脸庞的颜料就叫"焉支"，而又因为其所在地为胡人的区域，在唐朝时期又改叫"燕支"，后来慢又就变成了"胭脂"。

不过在开发创新上，唐人从来都是不输于人的。虽然"红蓝草"制成的胭脂十分盛行，但唐朝时，也有一部分女子使用石榴花来制作胭脂。为了方便储存、携带并使其看起来更加美观，胭脂会被制成粉状或混成膏状，更绝的是还有的胭脂被制成了花饼。当然也有制成液体的，就类似于现在有一些大牌化妆品公司出产的液体胭脂。

△图为唐代周昉《簪花仕女图》局部。图中女子的眉形即为当时流行的眉形

淡扫蛾眉似远黛 | 画眉

说完胭脂再来说说画眉用的颜料。唐朝女子化妆一般都是在搽过粉、涂过胭脂后就要对眉毛"下手"了。其实眉毛对于化妆的整体效果来说,是非常重要的。清秀整齐的眉毛能给人一种赏心悦目的感觉,更何况有眉毛和没有眉毛那绝对是两种视觉效果。唐朝人对画眉更是十分讲究,唐代诗人朱庆馀有一首很著名的诗叫《近试上张籍水部》,写道:"洞房昨夜停红烛,待晓堂前拜舅姑。妆罢低声问夫婿,画眉深浅入时无?"这首诗虽然是借新娘的心绪来表达自己在科考之前的想法,却也能看出唐朝女子对自己眉毛画得好坏是很在意的,这种紧张的心情和赴考的举子想求取功名的焦虑是一样的。

据说唐朝时皇宫中的女性每天大约要用掉30升的颜料来画眉。其中最著名的颜料叫作"黛",是一种青黑色的矿物,也称"石黛"。在描画前必须先将这种东西放到石砚上碾磨成粉末,然后再加水调和,其效果和我们今天用的眉粉大致是相同的。

除了"石黛"之外,还有铜黛(绿)、青雀头黛和螺黛。铜黛(绿)是铜表面所生的绿锈状的物质。青雀头黛是一种深灰色的画眉材料,在南北朝时由西域传入。而在隋唐时期,出现了螺黛,它出产于波斯国,是一种经过前期加工制造,已经成为各种特定形状的黛块,使用时蘸水即可,无须研磨。因为它的模样及制作过程和书画用的墨锭相似,所以也被称为"石墨",或称"画眉墨"。要不怎么说唐人在时尚方面走在时代的前端呢,这种黛块几乎可以和现代用的眉粉相提并论了。它不论是制作方法还是携带的简便程度,都开了历史的先河。

也正因为自唐朝开始画眉的都叫"黛","黛"这个词后来就引申为美女的眉毛,有的时候还用来特指美人。在唐代温庭筠的《春日》诗中,也有"草色将林彩,相添入黛眉"这样的诗句。可见"黛"在当时使用的广泛程度。

而我们今天所用的眉笔，是在20世纪20年代初从西方传入的。这些看似洋气的化妆用品，早在中国唐代就已经有了雏形，可见唐人有多么前卫。

画眉的材料介绍完了，接下来就说说眉形的画法——在这方面，恐怕唐朝女人的想象力比我们现代人还要丰富。鉴于唐朝女人对妆容十分在乎，大都是不化妆就没有办法出门见人的，而眉毛在妆容中又是重点中的重点，因此唐朝女人画眉的方法也就十分讲究。就拿眉形来说，在唐朝时期最流行的有一种眉形。这种眉形宽而短，诗人元稹曾经写过一句"莫画长眉画短眉"，而那位鬼才李贺也写过"新桂如蛾眉"的诗句，可见此种眉形在唐朝时有多么流行。

为了使"蛾眉"在脸上不显得呆板，妇女们又在画眉时将眉毛边缘处的颜色向外均匀地晕散，称其为"晕眉"。还有一种画法是把眉毛画得很细，称为"细眉"，因此在白居易的《上阳白发人》中，我们可以看到"青黛点眉眉细长"这样的句子，而在《长恨歌》中，他还用"芙蓉如面柳如眉"来形容杨贵妃的眉形。

到了唐玄宗时期，美女们画眉的形式更是多种多样，其中最为著名的就有十种眉，包括鸳鸯眉、小山眉、五岳眉、三峰眉、垂珠眉、却月眉、分梢眉、逐烟眉、拂云眉、倒晕眉。看看，光是两道眉毛就有这么多画法，可见唐人对美的追求达到了何种程度。

到此为止，护肤、搽粉、涂胭脂、画眉，化妆的几大步骤都已经完成，最后再涂一下嘴唇，就是一个完美的妆容了。唐代时期的唇膏都是利用花瓣制成的，都是天然的。有时人们还会使用一些软体动物的外壳，碾碎之后加入唇膏中，作为香料。而前面我们也提过，在唐朝，曾经有一段时期是流行"黑色唇膏"的，那个时期，如果还涂红色的唇膏是会被人笑"落伍"的。怎么样，唐朝美人们很酷吧？哪怕是在今天，也只有一些很有"个性"的美女，或者一些喜欢去夜店的女孩子，才敢把嘴唇涂成黑色来彰显自己与众不同的风情，普通的女子还是只喜欢偏红色系的唇膏。不得不说，我们真的是被她们打败了。

△唐朝时期"伪娘"风气盛行,很多男子都喜欢在头上簪花。图中所示男子头上簪着花朵。图为清朝苏六朋所画《簪花图》

唐朝时期，人们还会从凤仙花等植物中提取出来颜色，再放进硫酸铝和大蒜，做成指甲油。怎么样，大蒜味的指甲油，是不是很特别呢？如果现在的男孩子觉得自己女朋友涂的指甲油气味呛人的话，就想一想，这种味可总比大蒜味好多了！而且，还有一点跟我们现在不一样，在唐朝不只女子留指甲，男人的指甲也是很长的，因为古代人大都信奉"身体发肤，受之父母"，不会轻易去伤害自己身体上的任一部位。而且那个时候还有"专家"特意出来强调，指甲剪得太频繁对身体是有害的。看来，不管在哪个时代，都有一些看似不科学、却很受大众欢迎的理论啊！

（四）男人也疯狂｜男子化妆篇

须眉不让巾帼｜男子簪花

如果你以为唐朝只有女人才有对美的追求，那就大错特错了。想想看，哪怕在今天，如果有人认为爱美只是女人的专利，也都只会被批"OUT"了！不管在哪个年代，"爱美之心人皆有之"都是绝对的真理，只不过当今的社会不流行男子化妆，如果有哪个男人涂脂抹粉，把自己打扮得跟女人一样，十有八九会被骂"变态"。

但在唐朝的时候，如果有男人愿意像女人一样化妆，却没人会说他什么。实在是因为唐朝本身就是一个比较开放的朝代。那个年代的男人们，在追求美上面，可以说是"须眉不让巾帼"。他们有些人不仅公开穿女人的衣服，还会把自己捯饬得"跟花儿一样"，比如在头上插朵大牡丹啊、大月季啊，在脸上扑点香粉啊，涂个唇膏啊，描个眉毛啊什么的。总之，用"油头粉面"来形容他们一点都不为过。据说曾经出土了一个唐代墓葬，在墓中出土了大量的首饰和化妆用品，大家可能觉得这是很正常的，但如果说这个墓葬的主人是个男人的话，大家还会觉得正常吗？

唐朝男人这种臭美行为还是由皇上带头的。就比如簪花，大家都知道吧，花是女性戴在头上作为装饰的用品。然而在唐朝，男人们也爱戴这玩意儿，而且是皇上带头去戴。话说每年春天，都城长安的人们都流行出外郊游。一位名叫苏颋的诗人，有一次玩得挺高兴，一激动就写出了"飞埃结红雾，游盖飘青云"的绝句。这次一起出游的，还有历史上那位很著名的皇帝唐玄宗。玄宗听了这句诗之后心情特别好，因此对作这句诗的苏颋大加赞赏，并顺势将自己所戴的"御花"赐给他，还亲自帮他插在了头巾上。

在场的众人一看，连皇上都这么喜欢簪花，可见这是一种流行趋势啊，咱们要是不紧随其后，岂不就被时尚抛到了后边？于是大家也都纷纷效仿玄宗，也都想给自己脑袋上弄朵花戴戴。那些王爷更是害怕落于皇帝之后，纷纷在自己的头上顶上女人的花，以示自己是多么的时尚。有个汝阳王李琎，还给自己弄了个"花奴"的小名，他最常做的事情就是头上簪花跳舞。有一次他在唐玄宗面前表演，戴着绢帽敲击羯鼓。唐玄宗看得很开心，就随手取了一朵自己戴的花放到李琎的帽子上。看看，这唐玄宗皇帝的嗜好就是与众不同，就是喜欢把自己戴完的花再给别人戴在头上。不过在那些被他赠花的人眼中，这种获赠却是一项莫大的荣耀，再怎么说那也是皇上赠的花啊，这机会可不是谁都能有的。当然，李琎也不例外，他可是十分珍惜这朵花的，当他的舞蹈伴随着音乐的结束而结束，也没让帽子上的花掉落下来。这也让唐玄宗感到非常高兴，于是当场又赐给他一柜子金器。两个人颇有点"英雄惜英雄"的意思，这足可见，两个人在唐朝一众爱美的男人中，算得上"花痴"中的翘楚了。

因为连皇上都喜欢簪花，所以接连效仿的人犹如过江之鲫，因此这股簪花的风潮就从宫里连吹带刮地卷入了民间。唐玄宗是皇帝，李琎是贵族，想要什么花自然就有什么花，头上簪花对于他们这些人来说，根本都不叫事儿。但普通人想弄朵自己喜欢的花戴在头上，却不是一件容易的事。这不，有一位才子为了追求时尚，想在自己的头上插一枝兰花，竟然做起了贼。这个人叫霍定，平时也爱游山玩水。春天一来，这家伙便开始了他到处闲逛的游乐之旅。但出门总得打扮一番吧！话说在打扮自己的问题上，这位爷还有一个奇怪的爱好，就是出大价钱雇人去偷贵族亭榭中的兰花，再把它们全都插在自己的帽子上。如果说他没钱倒也算了，但他心里的真实想法却是：咱不是没钱，钱咱有的是，但咱戴着贵族家里的兰花，要的就是这个气派。因此，一戴上花给他美的，夸张点说，只要能戴上贵族家的兰花，谁死他都不觉得可惜，就是这么爱臭美。而且他还专挑人多的地方去，哪儿人多上哪儿去。不只这样，他还一路走，一路叫卖他头上的花。最让人感到不可思议的是，那些路上的男男女女也都跟着了魔似的，挤在一处，打破了头想要买他戴的花，使得凡是他走过的地方，地上到处扔的都是钱币和女人用的金钗。你说这是不是有病，而且还病得不轻呢！

"小白脸"很有前途｜男子美白

除了戴花之外，唐朝的男人们也讲究美白，谁都知道"一白遮百丑"，也都往自己脸上抹一些美白的化妆品什么的。杜甫在《腊日》中也写道："口脂面药随恩泽，翠管银罂下九霄。"根据《四时纂要》记载："面药，（七月）七日取乌鸡血，和三月桃花末，涂面及身，二三日后，光白如素。"这里的面药就是在女子化妆材料中提到的那些用来美白的化妆品。其实它本身就是唐人常用的化妆品的一种，可使皮肤洁白细腻，有增白效果。因此，不光女人们使用这些化妆品，男人们平时也会用这种东西使自己的皮肤看着更光滑一些。所以说，什么油头粉面啊，什么娘娘腔啊，这些让现代男人听起来不舒服的词，在唐朝男人的眼里根本不算什么，因为他们并不觉得这是贬义，反倒是自己的妆化得越漂亮，越开心。

在追赶流行的男人们当中，有两个很著名的人物，一个叫韦鉴，一个叫卫玠。那么这两人做了什么臭美的事，能让他们"留名于后世"呢？我们不妨来看一看。这两人中的卫玠大人可以说是个爱美的旷世奇才，他用了那些日常的化妆品之后，还觉得不太满意。也许是不太适合自己的皮肤，或者是其他原因，反正人家就是不满意，在他眼里那些化妆品都不过是粗制滥造的东西，为了能制作出自己心目中的化妆产品，他发挥DIY的精神，自己动手发明了一种叫作"化玉膏"的东西。什么是"化玉膏"呢？查过资料我们发现，那就是一种用来洗脸的东西，其功效大抵和今天的洗面奶差不多。看看，多么伟大的男人，在爱美的路上敢于独辟蹊径，走出一条别人没走的路，这不得不说是一种创新，可以说是填补了唐朝洗面奶行业的空白。不只如此，在当时，卫玠就已经知道把芹菜什么的捣成泥，然后敷在脸上做面膜。更让人惊叹的是，这个男人还特别喜欢穷讲究，比如每次洗澡之后，都要求婢女必须得用金盘子托着头发给他梳头。他这种对美的追求，恐怕如今的女孩子都要自叹不如了。

另外一个叫韦崟的人，也是臭美界的一朵奇葩。有一天，他的一个朋友娶媳妇，请他过去参加婚礼。他听说朋友娶的妻子特别漂亮，心里还想着要和人家女人一较高下，于是在出门之前特意用心打扮了一番。沐浴更衣后，在头上戴了丝巾，在嘴上抹了口红，又很仔细地检查一番，觉得各方面都十分完美之后才肯出门去恭贺他的朋友。这种对美的痴迷程度，知道的人明白这只不过是他的爱好，不知道的人肯定会以为他和这位朋友有什么特别的关系呢，才会在人家婚礼上弄得比新娘子还漂亮，让人家新娘子下不来台呢。

左青龙，右白虎 | 文身

除了以上提及的那些以外，一些唐朝男子还有一个和现代很相似的爱好，那就是"文身"。你没有看错，我们说的就是文身。是不是觉得很奇怪？我们一直说"身体发肤受之父母"，在古代剪个头发都可以说是大逆不道的事情，更何况是在身上文上各种带鱼啊，皮皮虾啊之类的东西了，那肯定是完全不被允许的。即使在现在，文身也不被普遍认同，大家都认为只有臭流氓才会文身，又何况那个教条多多的古代呢？

但正如每个时代都有为了追求与众不同而不惜舍身的人，不管在什么时候，都有一批人会无视社会的风俗，游走在时代的边缘。唐朝这么开放的朝代就更不会例外了。

传说有一个人，花了五千文钱，请了一个画师，在他的前胸文了一幅

△图为唐朝的刺青。刺青是古代文身风俗的遗存,许多民族都曾有过。古书记载周代的越人即披发文身。后来民间的刺青已没有上古图腾崇拜的内容。唐代民间特别流行刺青,当时称为"札青、点青、肤札、镂身"。其内容包括各种图形、文字以及人物、佛像等

山水画。这幅山水画惟妙惟肖，不只有瞭望塔，还有被河水、树林、鸟兽等环绕的亭台楼阁。你说，在身上用针刺这么多下，那得多疼啊，可这人竟然为了追求个性，忍住疼痛，给自己弄出了这么个别出心裁的文身，可见这人得多时尚。

　　这还不算什么，至少他文的图案还很文雅，更有一些人，为了显示自己的厉害和与众不同，在自己的肩膀上文了两行字，这两行字左为"生不怕京兆尹"，右是"死不畏阎罗王"。要不怎么说二百五什么时候都有呢。你要是弄成这样，就自己偷偷摸摸欣赏呗，他偏不，非得招摇过市，让人家都知道他有多么牛，于是就光着膀子在大街上走。

　　这不，让一位官员给看见了，心想，好家伙，你这还真"霸气外露"啊，不怕官员是吧，那我这个官员就让你去见阎罗王，看看你到底怕不怕阎罗王，于是派人把他给打死了。而这人倒真是不怕官员，至于怕不怕阎罗王，恐怕只有他自己才知道了。

　　当然，也有一些文身者是聪明人，比如有个人就在自己身上文个财神爷。大家都知道，很多人的家里都供着财神爷的塑像，因为自古就传财神爷能保佑升官发财，还有过年接财神的说法。这个人后来犯了事儿，被抓起来了。官府想打他的时候，他就很从容地把衣服一脱："来，打吧。"其实他心里想的是，看你们敢不敢打，打我就是打财神爷。果然如他所想，这些人害怕了，没人敢往他身上打一板子。

　　怎么样，唐朝这帮爷们儿有一套吧。所以不要以为自己很新潮，假如你真的一不小心穿越到唐朝的话，你未必能赶超这些时尚先锋。而且虽然在其他的朝代文身都被认为是粗鄙之人才弄的，但在唐朝，这可是一种美丽的象征呢。因此，如果你真有机会穿越到唐朝应该把握住这种千载难逢的机会，在穿越前做好必要的功课。因为如果你到了唐朝，想小小地出点风头的话，自然就要文个漂亮点的文身，这样的话，你就不得不先搞清楚，到底哪个地方的文身最好。

　　在唐朝，有三个文身很出名的地方。

　　第一个，当然是唐朝的首都——长安了。长安是当时的政治、经济、文化中心。来往的行人商旅们也要比其他地方多得多，很多东西都是从长安流行起来的。文身这么时尚的东西，身为各省市之首的首都怎么可以不弄得更先进一些呢。于是，一种叫作"文身师"的职业文身者就率先在长安出现了。

另外一个地方叫蜀都，也就是今天的四川成都。那个时候的成都无论在经济上还是文化上的发达程度都不亚于长安。因此，对于时尚的研究也十分专业。在《酉阳杂俎》中还专门写道："蜀人工于刺，分明如画。或言以黛则色鲜，成式问奴辈，言但用好墨而已。"可见蜀都对于文身的研究十分精细，其成品不仅刺色分明，而且用色讲究。

还有一个地方就是被三国名将关羽关云长的一个大意失掉的荆州了。如果看过三国，恐怕大家都知道，荆州这个地方挨着吴越，自古就是官商要道，商业贸易往来十分频繁，而且还留有吴越的风俗习惯。杜佑《通典·州郡十三》中记载："荆楚风俗，略同扬州，杂以蛮左，率多劲悍。"由此可见荆州文身之风也是很兴盛的。唐代贞元年间，荆州市场上还出现了以卖文身用的工具——针刺为生的手艺人，历史记载"有印，印上簇针为众物，状如蟾蜍杵臼，随人所欲一印之，刷以石墨，疮愈后，细于随求印。"这段话告诉我们，荆州的文身技艺相比那两个繁华城市可能还要更胜一筹。因为这种文身方式改变了过去一针一针慢慢刺扎的笨拙做法，而是先排出个图案，然后一次成形，大大缩短了刺肤时间，减轻了文身者的苦痛。同时，经过这种方法文出来的花纹深浅一致，刷墨以后印迹均匀，"细于随永印"。由此可以推知，如果当时荆州不是文身之风盛行的话，则不会有职业文身者的存在，也不会有这么高超的文身技艺产生。

由于文身市场相当火爆，专门为人们提供文身服务的工作坊也就应运而生。其作用和运作模式就类似于今天我们在大街上看到的文身工作室。而且文身在当时形成了一种不容忽视的社会文化现象，后来还传到了日本，也就是当时的扶桑，可以说是在亚洲范围内掀起了一股文身热，使得文身作为一种时尚席卷了整个亚洲。

即使在今天，很多外国人在文身的时候，仍然喜欢文上中国的汉字。

著名足球明星贝克汉姆在来中国的时候,还展示了他的中文文身:"生死有命,富贵在天",很有中国传统的宿命特色。可见汉唐文化在世界流传之广。

看了上面这些内容,大家是不是觉得唐朝的男人们也都很有意思呢。在时尚这条路上,他们也是一样不输给女人们的,而且和现代社会相比,他们活得更多姿多彩,有滋有味,恐怕很多现代的男人都会羡慕不已。

(五)我爱洗澡,皮肤真好 | 卫生篇

洗澡是很舒服的事儿 | 个人卫生问题

以前在看古装电视剧或者小说的时候,常常会纠结于一个问题,那就是古代人到底多长时间洗一次澡呢?他们洗澡的时候洗不洗头发呢?带着这个疑问,我们来看一看中国历史上最繁盛的时代——唐朝,看看他们是怎么解决自己的个人卫生问题的。

放眼全中国,目前澡堂子叫得最多的名字恐怕就是华清池。熟悉历史的人都知道,"华清池"这个在现代众所周知的名字出自唐朝。它是唐玄宗和他的爱妃杨玉环洗鸳鸯浴的地方。这个名字被后人拿来广泛应用,不得不说这二位引领了一种洗澡的文化,使洗澡成了一种很风雅的休闲活动。

唐人很爱请客洗澡。在他们的眼中,请人吃饭赏歌,那都算不上什么——真正对客人好,就应该请他去泡澡。因为在古代人看来,洗澡可以疏通经络,活血化瘀,对身体健康有大大的好处。而且在过去的某些年代,如果一个人病得快要死了、药石无效的时候,就只能"死马当活马医"使出撒手锏,即洗澡或者放血,可见洗澡对人来说是有利的。

其实从汉朝开始,中国人就有勤洗澡的习惯。据说他们每五天就洗一次澡,虽然和现代的一天一洗相比,频率还是比较低的,但是在技术不发达的当时,这已经是很勤快的表现了。而且如果你是"公务员"的话,还

会享受每五天一次的"洗澡假"。虽然到唐朝的时候，由于官员们每天都有很多政务要处理，因此放假时间间隔被从五天延长至十天，但这并不影响官员们爱干净的好习惯。据记载，"安史之乱"后，朝廷上下忙得焦头烂额，因此原来的每月三天假也就不得不取消了。但即使这样，大家也不会放弃洗澡的习惯，而是利用自己偶尔挤出来的闲暇时间勤奋地处理自己的个人卫生问题。

三天洗回澡？那已经很勤了 | "洗三"

不只洗澡洗得勤，唐人在洗澡的时候，还有诸多讲究，身在皇室的人尤甚。前面我们提到的那个叫杨贵妃的女人，她可以说是开创了唐朝洗浴的新篇章，甚至对后来也有着深远的影响。

杨贵妃，本名杨玉环，其实她最开始并不是唐玄宗李隆基的媳妇，而是他的儿媳妇。不过因为她长得沉鱼落雁、闭月羞花，连李隆基这个当皇上的也不禁拜倒在她的石榴裙下，甚至千方百计使她从自己的儿媳妇变成了自己的宠妃，为后世稗官野史提供了很多资料。这个杨贵妃就十分喜欢洗澡，喜欢到什么程度呢，她每三天就要洗一回澡。

看到这儿，你可能会撇嘴，觉得三天才洗一回澡，已经算是懒人了，这么低的频率，怎么能算得上爱洗澡？但是考虑到当时的条件，这个频率已经很高了。你想啊，那个时候是没有自来水又没有热水器的，弄一池子洗澡水就别提有多麻烦了。如果不是皇室成员，普通老百姓家恐怕是消受不起的。但是杨玉环却因为身为贵妃而享受了别人所没有的待遇，可以三天洗一回澡，也正因为如此，她弄出了很多洗澡的花样，后文将详细描述。

关于杨贵妃为什么要三天洗一回澡，在民间也有不同的说法。其实各朝各代的老百姓都是一样的，茶余饭后就爱说点皇家的闲话啊、八卦啊来解闷。更何况像杨玉环和李隆基这种不合伦理关系的夫妻，更是容易被人背后嚼舌了，所以关于他们的传说比比皆是，随便翻一本野史，都能看到各种段子。其他的不提，单拿洗澡这件事情来说，可能人家杨玉环只是单

△《杨贵妃上马图》（局部）宋末元初钱选所绘，现收藏于美国弗利尔艺术馆。图中共绘十四人，皆着唐装，人物身形饱满，姿态、动作各不相同，形象刻画细腻、生动。此卷所绘唐玄宗与贵妃杨玉环上马的情形。玄宗骑照夜白，侧面望着贵妃，而贵妃旁有两侍女协助

纯喜欢洗澡而已，但也引来了颇多说辞，比如有人说她三天洗一回澡是因为民间有"洗三"的说法。

什么叫"洗三"呢？"洗三"也叫三朝洗儿，在当时的宫中很流行这种说法，就是在婴儿出生三天之后，要举行出生后的洗礼，就是给婴儿洗澡，所以叫"洗三"。对于那时候的人，特别是皇室成员或者富贵之家来说，这是孩子生下来以后的头等大事，当天主人要给下人们赏赐，赏赐的金钱又叫"洗儿钱"。在这一天，主人还要在家里大摆酒席，招待来祝贺的亲朋好友，俗称"汤饼会"。那时的"汤饼"其实并不是饼，而是类似于长寿面的面条。总之，当时的小孩生下来就要面临几个重大的活动，除了满月酒之外，"洗三"也是必不可少的。由此也能看出，洗澡这种事情，

从孩子一出生，就已经被重视起来了。

有关"三朝洗儿"的习俗，唐代诗人王建的《宫词》之七十一写道："日高殿里有香烟，万岁声长动九天。妃子院中初降诞，内人争乞洗儿钱。"现在，在南方的农村还流行为婴儿"洗骚"（广州话把婴孩称为"骚虾"），但日期并不固定为第三日，可以从黄历中选一个吉日施行。

话题好像一下子扯远了，我们继续回到杨贵妃。民间说杨贵妃每三天洗一次澡就是遵循"洗三"的习俗，为的就是使自己的皮肤可以像小儿一样柔嫩，保持自己的年轻之肤。这听上去好像挺有道理的，但事情传到后来就离谱了，还有人说她之所以洗得这么勤，是为了和她的"干儿子"，也就是后来"安史之乱"的始作俑者安禄山行苟且之事。

但这事儿用脚指头想也能知道有多么不靠谱，杨氏那可是皇上的爱妃，虽然安禄山后来敢反叛，但最开始的时候怎么也要装装样子，不可能一上来就明目张胆下手的，毕竟，给皇上戴绿帽子，可不是个小事儿。

现代一些研究历史的专家对此事也持有不同意见，但事实是什么样子的，恐怕只能靠杨贵妃托梦给他们才能知道了。

后来，有些专家从日本的一些史料中找到了蛛丝马迹。看到这儿可能大家有些疑问，为什么中国妃子的资料会在日本有历史记载。这是因为在中国的民间及日本的民间都有传说，"安史之乱"时被迫用三尺白绫结束了自己性命的杨贵妃其实并没有死，只是处于假死的状态。复苏之后，她就取道苏州，辗转逃到了日本。据说在日本有一个杨贵妃村，还有杨贵妃庙，还有人考证日本传说中的"辉夜姬"的原型就是杨贵妃。但传说这种东西，是否可信就不得而知了。

让身体充分享受SPA吧 | 花粉浴和豆浆牛奶浴

由于日本和杨贵妃有着丝丝缕缕的关系，也就有了许多关于杨贵妃的记载。记载中说，杨贵妃之所以洗澡洗得那么勤，是因为她有很严重的狐臭。很多人看到这种说法可能会觉得震惊，认为如果她真有狐臭的话，怎么会

△杨贵妃墓,即唐玄宗李隆基的贵妃杨玉环之墓,位于兴平市西的马嵬坡。杨贵妃身材丰满,肤如凝脂,乃中国古代四大美人的"羞花"

被唐玄宗爱到"从此君王不早朝"的程度,甚至弃国家和社稷于不顾呢?但人性是多样化的,谁也说不准,而且这和她爱洗澡倒是真的能联系到一起。你想啊,正是因为有狐臭,才要常常洗澡来掩盖这种臭味啊。而且为了起到更好的遮掩效果,杨贵妃还派人在洗澡水中加入花粉,这样出浴之后,就会通身香气扑鼻,自然也就掩饰住了狐臭味儿。

据传,"花粉浴"就是从杨贵妃开始流行的,我们现在洗澡喜欢在水里加上点精油的理念,恐怕也是由此而来的吧!从杨贵妃之后,民间都纷纷效仿,在洗澡的时候都要往水里放点花粉、花瓣之类。后来,在大唐时

△图为清代画家殷球所绘《贵妃出浴图》立轴。殷球,字倚谷,清代画家

期极为盛行的道教还会在洗澡水中加入沉香、乳香、檀香、丁香和冰片等香料，认为这样能祛除邪气，延长寿命。现在南方的一些地方还有洗澡去邪、去霉运的说法。

除了"花粉浴"之外，杨贵妃还喜欢洗牛奶浴。每次洗澡的时候，都要在水里加入牛奶，有的时候甚至连水都不用，直接用牛奶。怎么样，够奢侈吧？即使现在，我们洗所谓的牛奶浴的时候，也不过是用一包牛奶涂抹全身而已，可是人家贵妃直接就泡在牛奶里了，这一对比起来，人家皮肤那么好，能讨得皇上的欢心，也就不足为奇了吧。

传说有一天，杨贵妃又准备洗澡，可是当时很不巧，牛奶都已经用光了。宫女们可吓坏了，这要是让贵妃知道了，可怎么是好。正在这时，有一个宫女在一旁小声提议："要不，我们用豆浆试试？从外表上来看，豆浆和牛奶也差不了太多。"众人一想，时间紧迫，也顾不了那么多了，这怎么也算是一个权宜之计，于是就用豆浆代替了牛奶。

如果说一般人感觉不出来牛奶和豆浆的区别还情有可原，杨贵妃可是几乎是泡在牛奶里生活的人，更何况皮肤娇嫩敏感，怎么可能感觉不出来不同呢？果然，她刚一入浴，就感觉与平日有些许不同，但有什么不同一时间还真说不上来。只是觉得比以前的牛奶浴还要舒服，全身又滑又嫩，就问宫女这次洗澡水里加了什么东西。

宫女一听，以为贵妃要降罪，也不敢说瞎话，直接就说因为没有牛奶，只好用豆浆代替了。她怕贵妃怪罪，还特意解释说，豆浆是用大豆磨的，大豆对女人有各种好处。当然，一个小宫女也没有什么专业知识，什么大豆异黄酮啊、卵磷脂啊这种专业术语也说不出来，只说对皮肤也有好处。

贵妃听了宫女的话，再加上亲身体验，也确实体会到了这"豆浆浴"的好处，不但没有责怪宫女，还赏了宫女很多银两。并嘱咐说，以后不仅要用豆浆洗澡，每天早晨还要喝上一杯鲜豆浆。

看到了吗，美女们，恐怕大家还没有想过要用豆浆去洗澡吧。牛奶浴已经不是什么新鲜玩意儿了，要想保持水嫩嫩的皮肤，不妨在下次洗澡的时候试一试连杨贵妃都中意的"豆浆浴"吧，也许会有更加惊喜的效果哦。

看到这儿，大家可能还有个疑问，既然大家这么爱洗澡，那么那时候有沐浴露和香皂吗？答案可能会让大家失望了。虽然大唐是个时尚大国，但也没有办法逃出时代的制约，用动物油制成的香皂是现代才出现的。但这也不妨碍唐人在洗澡的时候做好清洁工作，因为他们有更天然的材料，那就是皂荚，也就是皂角。这种东西有天然的去污力，比起现代的香皂、洗衣粉和沐浴露等化学制剂，不知道要健康多少。

唐初《新修本草》记载："猪牙皂荚最下，其形曲戾薄恶，全无滋润，洗垢不去"，应选"皮薄多肉……味大浓"者，故而后世用"肥皂"一词以称呼质优肉厚的皂荚，意为"肉多肥厚的皂荚"。唐朝的药剂师就用皂角制作洗浴和清洁用品，将皂荚碾碎，再加入面粉、矿物粉和香料，一款纯天然的清洁剂就制成了。在唐初的时候，皂角皂的制作方法还被视为秘方，都是家传，不会对外传播。有的药剂师甚至连自己的孩子都不告诉。不过，就算这样，在制作清洁用品这方面，唐朝的时尚达人们毕竟还是领先一步了。

口香糖？我们还是谈谈丁香花吧｜祛除异味

除此之外，唐人也像我们现在一样通过含"口香糖"来祛除自己口中的异味。当然"口香糖"并不是真正的口香糖，只是类似的东西而已。因为在唐朝，特别是在上层社会中，口里有异味是要让别人瞧不起的。因此，唐人也就得想尽办法来避免这种尴尬的事情发生。他们所用的材料就是丁香。

丁香花里含有一种叫作丁香酚的化学物质，不但可以清新口气，还能缓解牙痛，不得不说是一种纯天然的口腔清新剂。相传唐朝著名的宫廷诗人宋之问有口臭问题，所以在晋见武则天时，一定先口含丁香，保持口气芬芳。

还有一些人认为橄榄在清新口气上，要比丁香好很多，因此没事儿的时候，他们就会嚼橄榄，既可以清新口气，又可以当零食，一石二鸟，何乐而不为呢？由于橄榄味酸，还有些讲究的人将它浸泡在蜂蜜中，做成了我们现在的蜜饯——蜂蜜橄榄，可见唐人还真的很会享受生活。

当然，这些都是一些民间的办法。真正有身份、有条件的人这两种方法都不用，而是用来自西域等地的香料。特别是皇族人，因为有自身的优势，常常能得到异域番邦进贡的一些名贵的香料，他们也就得以在各方面都与众不同。这些皇家的人，每次要会见宾客的时候，就会将那些由各种各样的香料混合在一起制成的东西放到嘴里咀嚼，只要一开口说话，就会吐气如兰，给人一种清新的感觉。据说宁王每与人谈话，先将沉香、麝香嚼在口中，"方启口发谈，香气喷于席上"。而杨国忠的"四香阁""用沉香为阁，檀香为栏，以麝香、乳香筛土和为泥饰阁壁"，奢华极了。

不只如此，唐人也很注意对牙齿的保健。那个时候就有专门的大夫告诉大家在早晚应该清洁牙齿，在饭后还应该漱口，把一些饭菜的残渣吐出去，才能够保持牙齿的健康。看看，唐人是真正地讲究卫生和健康。而且就是在那个时候，因为佛教广为传播，牙签这种东西也从天竺国传入了唐朝，人们在吃饭的时候，再也不用害怕塞牙了。

在前面我们说到杨贵妃有"狐臭"。其实在唐朝时期有很多身体有异味的人，因为唐朝一直都是对外开放的，各个国家的人都慕名前往唐朝，有胡人、波斯人，还有很多异域人士前来，这些人身上常常有一种特殊的味道，让人难以忍受。为了掩盖这种味道，这些人就要在身上喷洒香水。据说杨贵妃还会在存放衣服的箱子里放入樟脑，那时用樟脑来祛味、驱虫的习惯和我们现在倒是十分相像。还有一些人会随身带着香囊，香囊里一般都放有香料或者花花草草，比如罗勒草之类。有的时候还会在系的腰带上涂抹一种叫苏合香的东西。据称，杨贵妃所佩的交趾国进贡的蝉蚕形瑞龙脑香，"香气彻十余步"。

有一些女人，甚至采用从小吃香料的方法，使得长大以后，全身都会散发出异于常人的香气。那个时候的一些名医也有一套自己的方法使身上散发香气，他们取酸橙、乳香、丁香、枫香等东西制成香料，放到小袋子里，置于腋下。还有一种方法，就是将丁香、甘松香等东西混合到一起，碾碎后过滤成粉末，加入蜂蜜，然后来回碾一千次，做成丸状。白天服用十二粒，晚上服用三粒。服用方法为含服，即将药丸放到嘴里，直到含化。如此一来五天后身体就会自然散发现清香，不只身体，衣服和被褥也会带有香味。总之，在唐朝社会中无论男女，都讲求名香薰衣，香汤沐浴，香料的使用很讲究。

通过上面的描述，大家可能会发出惊叹。唐人真的和现代人一样，那么时髦和前卫，就连在洗澡、刷牙这样的小事上，也是走在当时世界的前头的，甚至对后来有着很大的影响。大家是不是对唐朝的向往又多了一些呢？

所以说，如果真的穿越过去的话，我们恐怕并不一定会引领当时的潮流，反倒会被唐人的时尚折服呢。

第三章　咱们吃好喝好啊

（一）不要一口吃个胖子｜食物篇

南米北面｜饮食习惯

很多当代人受电视剧或者某些史书的影响，已经形成了一个定式，那就是唐朝都是以胖为美。所以很多胖胖的小美女都想穿越到唐朝去体会一下众人艳羡的目光。但说句实话，如果你真的是抱着这个想法，坐时光机回到了大唐盛世，看到真正的街市风光，你恐怕会很失望。因为在大街上，胖胖的美女几乎不可见，那些在街上妖娆走着的，仍然是瘦瘦的美人。于是，你不禁跺着脚大吼：历史，你欺骗了我！

唐朝的美女也是苗条的。《次柳氏旧闻》《唐语林》等文献记载，唐肃宗李亨还是太子的时候，被李林甫陷害。唐明皇得知后，让高力士派京兆尹"选人间女子颀长白者五人，将以赐太子"，以示安抚。可见，那个时代的美女标准也跟今天一样：瘦高而白皙。

其实，一个人胖或者瘦，除了与生俱来的基因影响外，与后天的饮食结构也有着很大的关系。一个每天吃糠咽菜的人，一般不会胖起来。每天锦衣玉食又不爱运动的人当然会胖了。所以说，唐朝以胖为美没准就是富人的一个天大的谎言呢。

那么，唐人又在吃什么呢？现在我们就来谈谈"舌尖上的唐朝"，让那些想着要去唐朝过日子的人，对自己的未来有一个了解和打算，免得到了那边连饭都吃不上，最后真的活活饿成一个瘦子了。

说到唐朝的饮食特点，其实和我们现代是极为相似的。因为从那时到现在，自然条件并没有什么太大的变化。由于气候、土壤、水源等条件的不同，

△图为1972年出土于新疆吐鲁番阿斯塔那张礼臣(655—702)墓的随葬屏风画,随葬品中共六幅画作,分别绘四乐伎、二舞伎,这是其中的一幅。画中女子虽面部丰满,但身材并不属于丰腴一类,由此也能看出唐朝的美女,未必都是胖子

唐朝以长江、黄河流域为基线分成南北两个部分，这和现代中国地理上的划分几乎是一样的。

说到这里，大家可能都会明白了。唐朝和现在相似，就地域而言，南方的主食是以稻米为主，副食则是以鱼虾等水产品为主。毕竟江南被称为"鱼米之乡"嘛。而北方，也就是以黄河流域为中心的区域，都是以面食做为主食。所以现在很多老人都有习惯，一说到爱吃面食的时候，就会问对方是不是山东人，因为山东正处于黄河流域。

当然，虽然说这是南北两边的主要饮食特点，但由于南北交通发达，往来便利，很多饮食习惯已经交织到一起了。南方也有爱吃面的，北方也有爱吃米的。更何况是在社会繁荣的大唐朝，南北方的文化交融已经达到了一个空前的高度，所以，是吃米还是吃面已经不能作为明显的区别地域的标准了。

馒头，包子，饺子，馄饨？到底是什么呀？ | 面食

就主食而言，在唐朝时就已经有了和现在类似的食物，如饺子、馄饨、馒头等。这些日常的主食，在唐朝时期就已经摆上了人们的餐桌，只不过和现在还是有一点点不同的。

如果你坐在唐朝某家饭馆，喊"老板，来一个馒头"，你会发现给你端上来的这个东西，完全不是你脑海中存在的"馒头"的样子。因为，这分明是个包子嘛。

在现代大家可以把包子和馒头区分得很清楚，有馅的就是包子，没馅的就是馒头。但是在唐朝时，这包子、馒头是同一种东西。因为在唐朝时期，还没有包子这个词，真正出现这个词已经到宋朝了。

唐朝的馒头一般用面粉、水甚至糖揉成面团，然后上屉蒸熟，这个做法倒是古今一致，现在也有加糖蒸出来的馒头。唐朝馒头的外形有长有圆，有半球有整个球，一般都是在里面加入馅料的，比如肉、菜、豆、莲蓉。放到现在也就是肉包、素包、豆沙包，而在唐朝，这些统统都称为馒头。

△ 1972年于新疆阿斯塔那墓地出土了唐朝时的面食,其中不乏制作精细的馕、各色花式的糕点等,再现了古代先民的饮食

以前我们在看武侠片的时候,常常觉得奇怪。为什么那些大侠总是在怀里揣上两个馒头当作干粮,他们不觉得干巴吗?现在看来,他们揣的馒头,很有可能就是这种带馅的,随身带着,饿的时候有饭有菜,也算齐全了。

由于唐朝的影响非常广,这种食物及其名称也随着唐朝文化的广泛传播,流传到了亚洲的日本和韩国等地,直到今天日本和韩国也仍然管包子叫馒头,他们去祭拜神灵或者祖先的时候,都会把肉啊、菜啊,裹在面团里,放在祖先的灵前,或者神像前。而平时在路上碰到卖这种小吃的,也都是叫馒头,而不叫包子。日本旅游胜地草津,有一种特产——"温泉馒头",就是类似于豆沙包的东西,它是一种用稍带甜味的点心皮包裹豆沙馅或白色豆馅制成的日式点心,在日本是十分有名的。这个恐怕就是受到唐朝的影响,而流传至今的吧。

你可能觉得光吃馒头太干巴了,就准备来碗馄饨。在端上来之前,你已经做好了十足的心理准备,也许端上来的不是一碗馄饨,而是一盘水饺,因为在穿越之前,你就做了功课,知道在古代水饺和馄饨是没有什么区别的，特别是在南方地区。

然后，你会发现，你又一次失算了。在你眼前的就是一碗馄饨，馅大、皮薄，看着就让人有食欲，放到嘴里，肉丸又弹又滑，真是一种美味。

的确，在唐朝之前，馄饨和饺子的确是没有什么太大的区别的。馄饨出现的时间要比饺子早一些，早在西汉时期，北方人就已经开始吃馄饨了，因为古代中国人认为这是一种密封的包子，没有七窍，所以称其为"浑沌"，依据中国造字的规则，跟食物有关的字，要加上偏旁"食"，所以后来才有了"馄饨"二字。而到了东汉时期，张仲景才发明了饺子。虽然说两种食物在烹饪、制作上都没有什么大的区别，但是馄饨却在南方发扬光大，饺子则成为北方老百姓过年、过节常吃的食物。到了唐朝的时候，这两种食品终于被正式地区分开来，有了正规的称呼。

先生，请放开那头大象｜野味

上面所讲的，都是我们日常的食物，除了这些在我们看来已经习以为常的食品之外，你可能会被唐人吃的那些野生动物吓到。因为并不像我们现在这样提倡保护野生动物，那个时候吃山珍海味对人们来说是再正常不过的了。不光富户人家可以吃到这些珍馐美味，也有一些猎人把捕获来的野生动物进行贩卖，因此即使是寻常百姓也是可能吃到的。

那个时期在北方，人们会将骆驼作为主要的肉食来源。特别是驼峰，他们会拿来烤或者煮食。在我们听来这绝对是不可思议的事情，现代素食主义者或者动物保护组织可能会对此表示严重的抗议吧。但如果你想到你所在的时代是唐朝，那么你也就释然了。为什么有钱人中胖子比较多？就是因为他们吃肉比吃菜多，对于唐朝的富人来说，他们都属于无肉不欢的主儿。就像刚才说的骆驼，其实在他们眼里，吃个骆驼什么的那都不叫个事儿，天上飞的，地上跑的，水里游的，不管你是山中野兽林中燕，还是陆地牛羊海里鲜，只要是活物，没有什么是入不了他们的嘴的。从某些方面来讲，估计当代的"吃货"们会对那个什么都能吃的时代感到羡慕非常。

说到这里，我们对于唐朝的那些食物还是抱着乐观的态度的，但真到了那边，恐怕就不是你想象的那个样子了。很多东西你是根本就入不了嘴的，比如说蟑螂。

大家都知道蟑螂这种生物生命力顽强，而且到处可见。传说它们富含蛋白质，但真的让你吃这种东西来补充蛋白质，你能入得了口吗？但在唐朝时候，西南蜀地的人就有炒食蟑螂作为下酒菜的。怎么样，听了以后有没有一种汗毛直竖的恐怖感？

同样的东西，还有竹鼠和田鼠，据传东北各州会将竹鼠作为贡品进给朝廷。

除此之外，还有大象。如果你看到大象出现在你的餐桌上，而且还是大象身上让你感到最可爱的部位——象鼻，烤熟的象鼻，你还能淡定吗？听说这种食物香脆可口，深受唐朝的皇宫和大富人家的喜爱。

还有猴子。当你看到这种动物被人喝了脑浆，会不会觉得很残忍呢？在唐朝时候，南方人喜欢用猴脑做汤，据说是一种大补食材，还有人用一种叫作长鼻猴的肉做汤喝。

还有孔雀，这种美丽的生物在唐朝也成为了桌上美食，东南部的一些原住民会吃当地盛产的绿孔雀，根据史料记载，孔雀的肉和鸭肉极其相似。还有人将孔雀肉做成肉干，以便于携带。

舌尖上的点心 | 点心

吃了主食，也吃了主菜，恐怕大家就想吃一些饭后甜点了吧。但是所谓甜点，其实是西方的说法，在西方吃完正餐之后，都会来上一道甜食作为饭后的休闲食品。而在以前的中国，点心基本就是包子、馒头、饼一类的东西。而到了唐朝，由于中国茶文化的发扬，有了一种专门佐茶吃的点心，也就是茶点。

粉果、驴打滚、糖耳朵、云片糕，这都是我们熟悉的中式点心。这些点心最早都是茶点。由于地域的不同，茶点也有了南北的分界，表现出各不相同的口感和品位。

以广东为首的南方地区的茶点口味偏甜,有带甜味的绿豆蓉馅饼,也就是我们现在常吃的绿豆饼;有加了椰丝的椰蓉条,和我们现在吃的椰蓉条大体一样;还有很多我们现在也依然在吃的东西。广东的茶点文化一直很著名,即使到了今天,很多广东、福建等地的人依然保留吃早茶和晚茶的习惯,而茶点的种类也在古代的基础上丰富了很多。

而以北京为首的北方地区,也有饮茶的习惯。但和广东的工夫茶不同,北京人更喜欢喝大碗茶,配以驴打滚等小吃。当然这些也都是从清朝时期才被人广泛接受的。

而唐朝时,长安的茶点主要有棕子、糕饼、蒸笋,还有胡食。前面我们也介绍过,唐朝的创立者李渊是胡人起家,因此,胡人的风俗习惯在唐朝还是十分盛行的,在饮食上也是如此,一些胡人的零食、茶点也就成为了唐朝宫里人喜欢吃的点心。比如胡饼、搭纳或者是勒浆。至于这些东西到底是什么,口感什么样,恐怕只有你穿越到那里,亲自坐在餐桌前品尝过之后,才能评价了。

唐朝时期的茶点不仅对现代中国人产生了深远的影响,还传到了日本。日本现在流行吃的"和果子",也就是日本点心,就是由"唐果子"而来的。曾经很有名的日本和果子师要奉一个叫林净因的中国人为祖师爷。"唐果子"经过改良,又融合了南蛮点心、西洋点心的特点,就发展成今天日本著名的"和果子"了。所以说,日本在各方面受唐朝的影响都是蛮大的。

饭后一个果,气死卫生所 | 水果

主食、主菜、甜点都吃完了。我们就可以美美地吃上份水果,来结束我们的饕餮盛宴了。中国老话说"饭后一个果,气死卫生所"。虽然不知道这种说法到底是对还是不对,但水果的营养价值却是不言而喻的。很多水果都有药用价值,对于一些疾病都有很好的食疗作用。

唐朝时,交通不像现在这么发达,而很多水果都产于南方,因此北方的人想吃点南方的水果那可是相当难。不用说普通人，就连杨贵妃，想吃新鲜的荔枝，也并不是一件容易的事情。

　　大家都知道唐明皇的爱妃杨玉环喜欢吃荔枝。荔枝生长在岭南一带，与唐朝的都城长安相距甚远。唐玄宗为了让杨贵妃高兴，能够吃上新鲜的荔枝，就命人快马加鞭，日夜不停地把荔枝从岭南送到长安。唐代诗人杜牧在他著名的七言绝句《过华清宫》中写道："长安回望绣成堆，山顶千门次第开。一骑红尘妃子笑，无人知是荔枝来。"寥寥几笔，就写出了当时北方人想吃南方水果的困难程度，连贵妃尚且如此，普通老百姓更是没有这个口福了，所以如果你穿越到的地方是北方，还是个爱吃荔枝的人的话，劝你还是打消这个念头吧。

　　不只是荔枝，柑橘、枇杷、龙眼，这些也都产自南方。南方的妇女们在吃水果上也有着与众不同的方法。她们把橘子雕成花、鸟的形状，然后和蜂蜜一起煮熟了吃，这样不仅味美，还可以养颜，很受人们的欢迎。还有一种特别的叫作橡子的东西，不仅可以止渴，还能治疗腹泻。

　　看到了吗？说到唐朝的水果，还是南方产的比较多，而且香甜可口。如果你是一个超级喜欢吃水果的人的话，你在穿越的时候，一定要考虑好，选择好自己的路线，免得一不小心穿越到了北方，变成一个连新鲜、爱吃的水果都吃不到的干瘪缺水美人或帅哥。当然，如果你不是那么挑剔的话，你在北方还是能吃到桃子、苹果、石榴等水果的，在笔者看来，这些水果的水分还是很足的，吃到嘴里虽然说没有什么新奇感，但那个时候的水果可是真真正正的天然无公害的绿色食品哦。

　　除了上面提到的那些，还有吃晒干的黄蜂幼虫的，有将蟒蛇的肉切碎用醋调味做成美食的，还有蚂蚁蛋做成的咸味汤。这些符合那些平时就喜欢猎奇的人的口味。如果你属于这种人，那么恭喜你，到了唐朝，你可以大快朵颐了。一些你平时没吃过的，或者是见都没见过、听都没听过的食物在唐朝一点都不奇怪。唐朝在饮食上，可以说做到了包罗万象，领先世界。要是那个时候拍一部《舌尖上的唐朝》，恐怕比如今这部《舌尖上的中国》更能让世界为之惊叹。

△元代白朴杂剧《梧桐雨》的版画所描绘的正是唐朝时期为杨贵妃千里送荔枝的事,"一骑红尘妃子笑,无人知是荔枝来"

（二）煮酒论英雄，饮茶谈君子之一｜酒水篇

李白一斗诗百篇｜饮中八仙

　　无论是三国时期刘备和曹操的"煮酒论英雄"，还是唐朝时期大诗人李白的"一斗诗百篇"，中国的文化中一直都少不了酒的影子，酒文化在历史中闪烁着璀璨的光芒。而正因为有"李白一斗诗百篇"的说法，所以在诗歌异常繁盛的唐朝，酒文化更加得到了长足的发展，成为唐朝历史上浓重的一笔。

　　常常有人说，"文学中最癫狂的就是诗，饮品中最癫狂的就是酒"，虽然历朝历代也都有酒后赋诗的传统，但真正让酒和诗浑然一体的，唯有在中国文学史上诗歌最为繁荣的唐朝。

　　唐朝大诗人，和李白并称"李杜"的诗圣杜甫有一首《饮中八仙歌》。说起这"醉八仙"，那可都是在唐朝赫赫有名的人，而既然谈到了酒，那就不能不对他们大书特书了，为了让大家进一步了解这几个人，知道他们到底是谁，又为什么会一起被称为"饮中八仙"，我们得先来看看《饮中八仙歌》的全文。

饮中八仙歌

知章骑马似乘船，眼花落井水底眠。
汝阳三斗始朝天，道逢麹车口流涎，恨不移封向酒泉。
左相日兴费万钱，饮如长鲸吸百川，衔杯乐圣称避贤。
宗之潇洒美少年，举觞白眼望青天，皎如玉树临风前。
苏晋长斋绣佛前，醉中往往爱逃禅。
李白一斗诗百篇，长安市上酒家眠，天子呼来不上船，自称臣是酒中仙。
张旭三杯草圣传，脱帽露顶王公前，挥毫落纸如云烟。

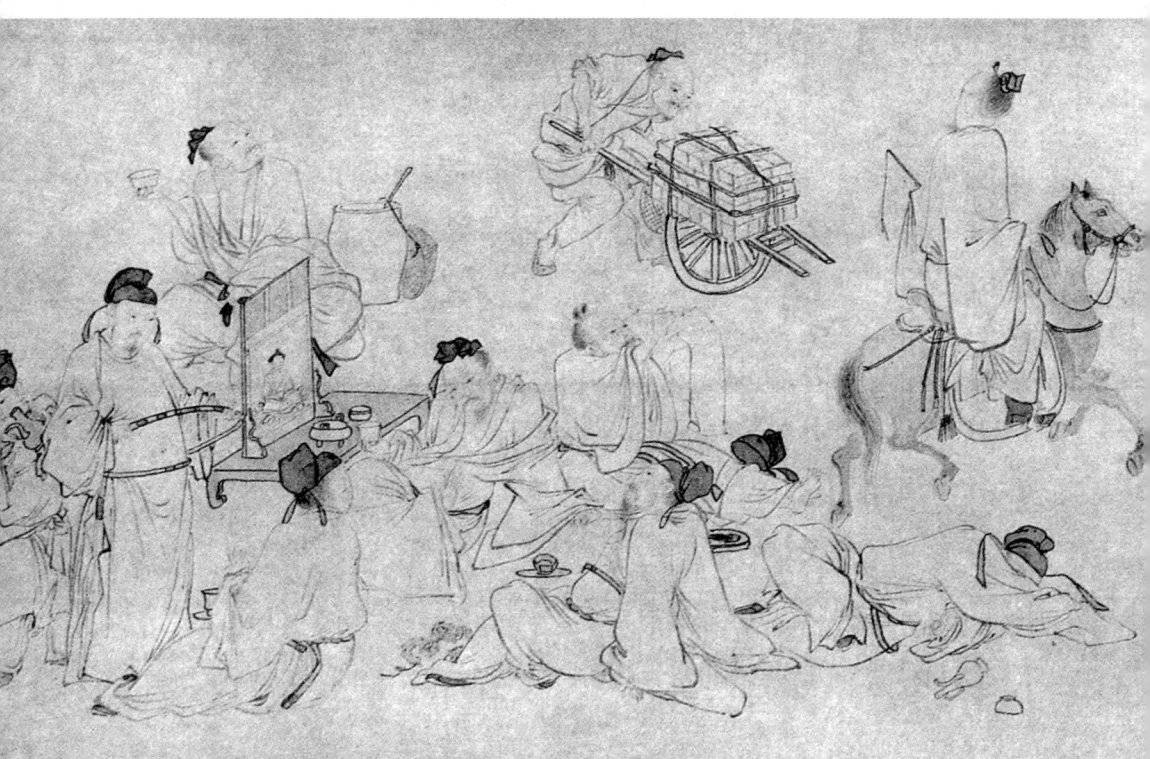

△图为明朝杜堇绘《古贤诗意图》局部。此卷共九段,此画为其中之一,是人物最多的一幅,颇为热闹,把贺知章、李琎、李適之、崔宗之、苏晋、李白、张旭、焦遂的各种醉态按诗意毕露于白描之中,耐人寻味

焦遂五斗方卓然,高谈雄辩惊四筵。

要不怎么说杜甫能称得上诗圣呢。这首诗只用了一百多字,就把几个人的醉态酣畅淋漓地描写出来。即使我们当时并没在这些人的左右,也仿佛身临其境般感受到这些人或觥筹交错,或自斟自饮的逍遥自在。到了明代,甚至还有人根据这首诗所描绘的情景画出了一幅在历史上也同样著名的《饮中八仙图卷》。不得不承认杜甫在这首诗中所描绘的,堪称栩栩如生。

诗中所说的醉八仙分别是贺知章、李琎、李適之、崔宗之、苏晋、李白、张旭和焦遂。这首诗之所以会把贺知章放在第一位，是因为他的资格是最老的，就算不按资排辈，单论岁数，这位仁兄也要比李白大了四十二岁，所以把他放在第一位是理所应当的。而其他几个则是从王公宰相一直说到布衣。这八个人的醉态各有特点，用现代的话来说，就是用漫画素描的手法，来写众人的平生醉趣，充分表现了他们嗜酒如命、放浪不羁的性格，生动地再现了盛唐时代文人士大夫乐观、放达的精神风貌。

现在已经知道这首诗中所提到的人物都有哪些，那么接下来，我们就要去认识一下这几个人，万一将来有机会穿越，那些喜爱喝酒的人也可以找这几个人去一起拼酒论文了。

刚才我们说，这首诗首先讲的是贺知章。说起贺知章，我想一定有很多人和我一样，最先想起的就是小学时学过的那首著名的《咏柳》："碧玉妆成一树高，万条垂下绿丝绦，不知细叶谁裁出，二月春风似剪刀。"这首连小学生都能倒背如流的唐诗就是出自这位叫贺知章的人之手。唐朝的诗酒交融，并不是浪得虚名，越是能够写出一手好诗的人，就越是能喝，这在唐朝好像已经成了金科玉律了。

贺知章这个人，生性放荡不羁，喜欢无拘无束的生活，从他给自己取的别号"四明狂客"，就能看出他是一个"不走寻常路"的人。而这类人，一般都喜欢大口喝酒、大碗吃肉，这位自然也不例外。于是，就有了诗中开头所描述的景象。

在《旧唐书·文苑·贺知章传》中曾这样形容他："醉后属词，动成卷轴，文不加点，咸有可观。"意思是说他在酒后借着酒劲作文根本不需要思考，完全凭着性子，直到纸都用光了，才算写到头。所以，有这劲头的他被排在第一位也就可以理解了。

诗中第二个提到的人是李琎，这个人我们在讲唐朝服饰的时候曾经提到过，当时曾说他喜欢在头上戴花，自己还美其名曰"花奴"，单是从他这与众不同的爱好，我们也大致能够想象出他有多么放浪形骸了。再加上他是唐玄宗的侄子，仗着身份与别人不同，日常行为也就更加我行我素。在杜甫的《八哀诗·赠太子太师汝阳郡王琎》中，有"主恩视遇频""倍此骨肉亲"等句，也明确表现了李琏在唐玄宗心目中的特殊地位，这也就使得汝阳王不管在什么时候，都喜欢喝上一口，即使是将要去面见皇帝，也不会去刻意节制。最霸道的一次，当数他刚刚喝过三斗酒之后到朝堂朝见皇帝，这气量和胆识也是非同常人的。

这位爷爱喝酒到了什么程度呢？据说他曾经在路上看到了运送酒桶的车，而他竟然站在车边对着一个个装满酒的酒桶流起了口水。喂，你好歹是个王爷好不好？想喝酒什么时候都能喝，用不用像见到骨头就产生条件反射的狗一样啊？但这位爷就是这么个爱酒如命的主，你还真就拿他没有办法。他一激动险些把自己的封地都移到"城下有金泉"的甘肃酒泉去。虽然，杜甫的诗形容得夸张了点，但若结合这位王爷日常的各种行为，你会觉得杜甫的形容不但颇为贴切，而且十分真实。所以说，如果你一不小心穿越到了唐朝，又一不小心和这位王爷结交，你还真得掂量掂量自己的酒量，能不能和他拼过三巡。

接下来要说的这个人叫李适之，他在唐朝也算是个鼎鼎大名的人物，曾经在公元742年代出任左丞相。这位爷也是个性情中人，因为他在朝中位居高位，再加上平日里为人和善，十分好客，因此家中的宾客不断。传说他平日里光是喝酒就得花费数万钱，喝下的酒的量就和鲸鱼吞吐的水量一样。

如果以为因为他好喝，就会耽误工作，那样你就大错特错了。李适之丝毫没有耽误正常的工作，因为人家在上班的时候可从来不饮酒，向来都是忍着酒瘾等到下班的。只不过，他每天刚一下班到家，把衣服换了就会开始喝，这得有多大的瘾啊！

《新唐书·李适之传》中曾这样描述他："喜宾客，饮酒至斗余不乱。夜宴娱，昼决事，案无留辞。"怎么样，你不佩服不行吧？就这么喝，人家该办的事肯定给你按时办完，今日事今日毕，绝不留有余患，就算人家真的爱好喝酒，也让人没法对此指手画脚。

不过，这种夜夜推杯换盏的好日子并没有过多久，就被历史上著名的奸相李林甫给结束了。因为李林甫从中作梗，李适之这个左丞相被唐玄宗罢免了。虽然被罢免的事情并没有耽误这位前左丞相的酒兴，他仍然时不时地和亲朋好友共聚一堂，吃饭喝酒，但是每当想起被罢免的事情，他的心里就难免会有些憋闷。所以在一次喝酒之后，这位爷被气得挥笔写下了"避贤初罢相，乐圣且衔杯，为问门前客，今朝几个来？"这样的诗句，诗中一方面透露出他对李林甫这个奸相的不满，另一方面也表达了他对于那些在他当高官时就过来巴结，如今则避之唯恐不及的小人的蔑视。不过，抱怨归抱怨，如果真的因为这些人而扫了自己的酒兴，那未免太不值当。于是，他很快就将这件不开心的事情忘记了。

以上提到的三个人，在当时的唐朝社会算是官门中人。而之后将要提到的崔宗之和苏晋这两人则都为名士。

名士这个词是从魏晋时期开始使用的，现在我们也常常说魏晋多名士。名士从字面上来理解就是有名的人，那个时候的名士们有声望，有影响力，却不愿步入仕途，大都过着隐居的闲云野鹤的生活，虽然性格古怪，但他们大都风流倜傥，博学多才。正所谓"古来圣贤皆寂寞，惟有饮者留其名"。正因为这些人都过着与世隔绝的生活，所以并不为人所熟知，真正能留下美名的人，都是那些喜欢以酒为伴，寄情于美酒之人，而崔宗之和苏晋二人就恰恰属于这一类。

话说崔宗之这个人，如果放在我们现在这个年代，那绝对是一个标准的美男子。什么英俊潇洒啊，风度翩翩啊，美少年啊，华丽啊等等，无论什么样的夸赞之词，放在他身上都不为过。历史上"玉树临风"这个词就是为他而生的，也是在《饮中八仙歌》中首次出现，以至于后来大家在形容男人帅气的时候，都会想到这个词。

不过就这么个美男，偏偏有一个不招现代女生待见的嗜好，就是喝酒。

同样是喝酒，不同人喝却能给人不同的感受。我们经常会说"不同人有不同的待遇"，更何况是一位美男子呢？别说是喝酒这等小事了，就算是犯了什么大错，在很多女孩子的眼里，那也不算过错，相反可能还会觉得这个男人别有一番"男人味"。

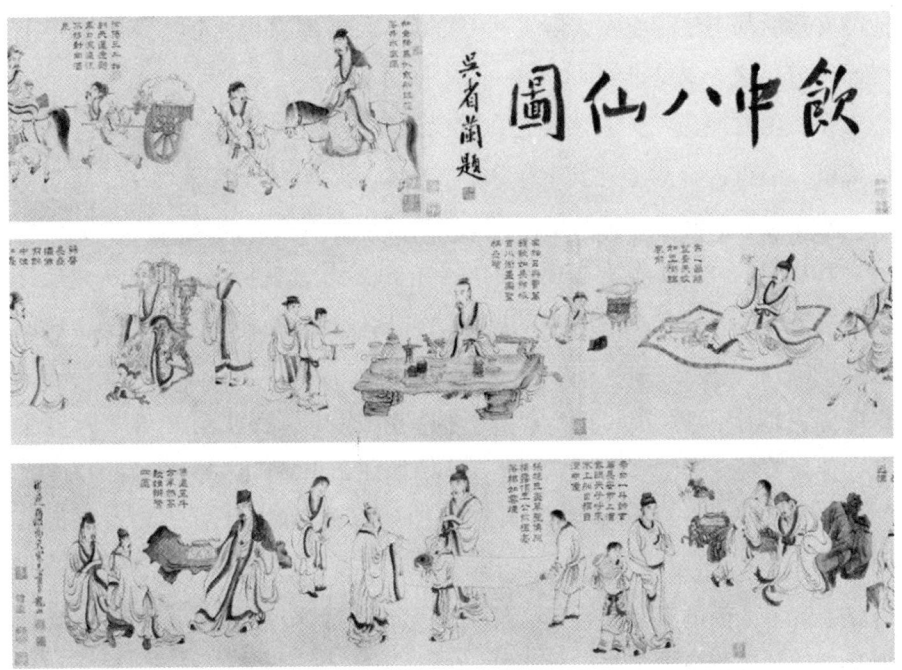

△图为清代画家陈洪绶早期所创作的《饮中八仙图》。此图采用白描的手法,将唐代八位大诗人吟诗、醉酒的生动情态生动地表现出来

其实崔宗之爱喝酒这件事情,也不能完全怪他,谁叫他有一个号称"酒仙"的好朋友?那个人就是李太白,李大诗人。这两个人兴趣相投,所以经常会凑在一起,喝上几个回合,这位美男子的酒量就在二人的推杯换盏,你来我往中变得越发惊人。

不管怎么说,崔宗之都是一个好酒之人,但因为人长得标致,这喝酒也自然不一样,要不杜甫也不会在诗中用"举觞白眼望青天,皎如玉树临风前"这么美好的诗句来描写他了。酒杯、青天、明月、美男,这四种世间美好之物交融在一起,得是多么美好的一个画面,得让多少女子为之流口水啊!想必杜甫在描绘他的时候,心里也不禁产生了神往。

再来说一说苏晋,历史上对这位仁兄的记载并不是很多。只是说他数岁能属文,作《八卦论》。当时的吏部侍郎房颖叔以及秘书少监王绍看到他的文章后都不禁感叹："后来之王粲也。"看到这儿，可能会有人一愣，继而问道，这王粲是谁？

在三国时期，不，应该说是在东汉末年，有七个人因为在文学上的出色成就，被世人称为"建安七子"，王粲就是"建安七子"之一，可想而知，他在文学上的造诣定然是相当了得的。而苏晋既然能被人类比为王粲，足见其功力的强大。据寥寥无几的史料记载，苏晋先是中了进士，之后又科举登科，后来还曾为唐明皇的监国，可见他真的算得上一个十分厉害的人物。

传说他崇尚禅学，喜好素斋，但同时却又嗜酒如命，从这两点来看，他还真是一个矛盾的结合体。虽是如此，但这两点放在他的身上，好像又并不冲突，他也算是做到了"酒中""逃禅"，"酒肉穿肠过，佛祖心中留"。

了解了上面的五个人之后，终于到了我们最熟悉，甚至可以说，熟悉到几乎每个人都能背诵他一首古诗的唐代大诗人，被人称为"诗仙""酒仙""剑仙"的李白。李太白大人就要闪亮登场了！还不鼓掌欢迎？

李白的生平，笔者即使不刻意强调，也能有一大堆人对此如数家珍，因为李白在中国的文学史上实在是太有名了。恐怕每一个对唐朝充满向往的人，一定都在幻想着有朝一日能与这个伟大的人物见上一面吧？而关于他的故事，就是笔者在这里讲上三天三夜，也没办法全部讲完。不过，既然我们主要讲的是"酒"，那么现在还是单来说一说李白和酒的渊源吧。

正如杜甫所说"李白一斗诗百篇"，事实上李白和他的诗都同酒有着不解之缘。李白自己也说"百年三万六千日，一日须倾三百杯"。虽然说一日三百杯有些夸张，但他总归是一个十分能喝酒的人。而且他还有一首十分著名的《将进酒》，写道："君不见，黄河之水天上来，奔流到海不复回？君不见，高堂明镜悲白发，朝如青丝暮成雪。人生得意须尽欢，莫使金樽空对月。天生我材必有用，千金散尽还复来。烹羊宰牛且为乐，会须一饮三百杯。岑夫子，丹丘生，将进酒，杯莫停。与君歌一曲，请君为我倾耳听：钟鼓馔玉何足贵，但愿长醉不复醒。古来圣贤皆寂寞，惟有饮者留其名。陈王昔时宴平乐，斗酒十千恣欢谑。主人何为言少钱，径须沽取对君酌。五花马，千金裘，呼儿将出换美酒，与尔同销万古愁。"整首诗，除了前两句之外，几乎句句都没离开过"酒"字，足见酒在李白生活中的重要性。不单是此首，再看他的那些作品，几乎首首都同酒挂钩。比如"举杯邀明月，对影成三人"，比如"且乐生前一杯酒，何须身后千载名"，还有"兰陵美酒郁金香，玉碗盛来琥珀光"，等等，实在是多得让人数不过来。

虽然李白的诗大多与酒有关，但在这些诗篇中，我们却很少能感受到"愁"的气息，这点和很多文人是不同的。李白喝酒是单纯地为了喝酒而喝酒，想喝就喝，随时起兴随时喝，而不是像其他文人那样为了消愁而喝酒。在李白的诗中，完全没有那种"酒入愁肠化作相思泪"的悲苦感，即使是在《宣州谢朓楼饯别校书叔云》中有"弃我去者，昨日之日不可留，乱我心者，今日之日多烦忧""抽刀断水水更流，举杯消愁愁更愁"这种诗句，也完全没有烦扰苦闷，或是阴郁这样的负面情感，甚至在诗句的结尾处释放出一种更加自然奔放的感情。

因为李白喝酒皆是豪饮，所以在他写的诗中，自然而然也会带着一些豪气。而杜甫是李白的好友，自然对李白的性格了解得一清二楚，因此才能在诗中仅用短短四句话，就将李白的豪情万丈表现得淋漓尽致。一个神采奕奕、超凡脱俗、充满豪气、富有侠客色彩的李白就这样跃然纸上了。

紧随李白其后的这个人名叫张旭，是一个以草书闻名于世的书法大家。在当时，他的草书与李白的诗、裴旻的剑舞并称"三绝"。说起这个人，请允许我用文学艺术圈里的一朵瑰丽的奇葩来形容他。这个人其实没什么别的不良嗜好，就是爱喝酒。有时候喝多了还会一边高声叫喊，一边疾走如风，之后会开始提笔写字，写到兴头上，还有可能会用头发蘸着墨来写字。旁人看到这种情景，都傻了眼，觉得他的这种行为实在是癫狂，因此给他取了个名字叫"张颠"。

但不可否认的是，张旭绝对是一位纯粹的艺术家，他把满腔的热情都倾注在点画之间，在他写字的时候，能够做到旁若无人，如醉如痴，如癫如狂。唐朝的散文家韩愈在《送高闲上人序》中称赞张旭："喜怒窘穷，忧悲、愉佚、怨恨、思慕、酣醉、无聊、不平，有动于心，必于草书焉发之。观于物，见山水崖谷、鸟兽虫鱼、草木之花实、日月列星、风雨水火、雷霆霹雳、歌舞战斗、天地事物之变，可喜可愕，一寓于书，故旭之书。变动犹鬼神，不可端倪，以此终其身而名后世。"这正是一位真正的艺术家对艺术执着追求精神的真实写照。难怪后人论及唐人书法时，对欧、虞、褚、颜、柳等均有褒贬，唯对张旭无不赞叹不已，这样的事情，在艺术史上是绝无仅有的。而张旭也被后人尊称为"草圣"。

（三）煮酒论英雄，饮茶谈君子之二

锋芒不让李杜｜诗酒文化

除了"饮中八仙"之外，唐朝诗酒文化的代表人物还有很多。不用提别人，《饮中八仙歌》的作者杜甫也是一位好饮之人。据资料统计，在杜甫现存的一千四百多首诗文中，谈到饮酒的共有三百首，可见他也是位"诗随酒兴""酒助诗狂"的人，如若不然，恐怕也不会写出对酒客推崇备至的《饮中八仙歌》了。

也许是李白和杜甫二人的大名在中国的文学史上太过耀眼，以至于很多在当时也很杰出的诗人都被掩盖在这二位的灿烂星光之下。事实上，放

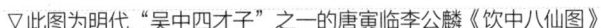
▽此图为明代"吴中四才子"之一的唐寅临李公麟《饮中八仙图》

眼整个唐朝的诗坛，你会发现，爱喝的主儿并不仅限于杜甫和他诗中所提到的那些人。为了让其他爱喝的唐朝诗人也能露露面，我们不妨现在就来看一看那些被我们忽略的诗酒客吧。

白居易可能是除了李白、杜甫之外最为我们所熟知的唐朝大诗人。他的很多诗歌在现代也是脍炙人口的。但是在他所写的众多诗篇中，与酒有关的诗篇，或许并不为我们所熟悉。

在他的《问刘十九》这首诗中这样写道："绿蚁新醅酒，红泥小火炉，晚来天欲雪，能饮一杯无？"诗中的这个"绿蚁酒"很是惹人垂涎，甚至直到今天，仍有很多人想研究这个"绿蚁酒"到底是怎么做出来的。

其实"绿蚁酒"并不像字面的意思那样，是用绿蚁泡出来的酒。真正的绿蚁酒其实是一种米酒。这种酒是青绿色的，在酒面上有一层像蚂蚁般漂浮的米粒。但很多人实验之后，做出来的却只是淡黄色的醪糟米酒，从来没见过有人真正弄出"绿蚁酒"来。看来，如果真想做出诗中所说的酒，除了穿越回去亲口问他之外，就只有等着他来托梦了。而在白居易的诗中，屡次提到了这种"绿蚁酒"，在《六年冬暮赠崔常侍晦叔（时为河南尹）》中，他也写过"香开绿蚁酒，暖拥褐绫裘"，"绿蚁酒"再一次呈现在我们眼前。除了"绿蚁酒"，在他的《戏招诸客》中还有"黄醅绿醑迎冬熟，绛帐红炉逐夜开"的诗句，其中的"黄醅""绿醑"都是酒，只不过在今天，我们恐怕再没有机会品尝当时那些诗酒客口中的美酒了。

从这些诗中，我们不难看出，那时的酿酒工艺和今天比起来丝毫不逊色，甚至在某些方面可能还要超过今天。

特供总是那么迷人 | 官营、私营和自酿

诗酒文化在唐朝之所以能够这么发达，与当时社会的发达是密不可分的。在唐朝时期，酒的出产途径多种多样。有官家专门制造的、有民营酿酒厂酿造的，也有自家酿酒供应给乡邻的。

官营酒坊出产的酒和我们今天所喝的特供酒类似，这些酒有些类似

如今人们常说的"人民大会堂国宴酒"。那个时候的特供酒有一套严密的生产工序和加工体系,那时有"造出不合格的酒就要杀头"的说法,由此看来,那时的造酒工序肯定要比现代严格很多。总的来说,特供酒分为皇族特供酒和地方特供酒两种。虽然都叫特供酒,但是这些酒最后的流向却并不一样。有些供给皇族,有些供给各州府。

特供酒在唐诗中也有所体现,在《陪游上苑遇雪》一诗中有"花光并在天文上,寒气行销御酒中";宋之问的《奉和圣制闰九月九日登庄严总持二寺阁》中也有"帝歌云稍白,御酒菊犹黄"这样的诗句。除此之外陈

▽图为唐代长安韦氏墓地壁画中的《野宴图》,描绘的大概是曲江宴的一幕场景,图中画着九个男子,围坐在一张大方案旁边,案上摆满了肴馔和餐具。人们一边畅饮,一边谈笑,好不快活

子昂的"且歌玄云曲,御酒舞薰风",岑参的"玉馔天厨送,金杯御酒倾",这些都是描写御酒,也就是我们所说的特供酒的诗句,所以说唐代诗酒交融并非浪得虚名。

而地方的官酒则是指各官营州镇自酿的酒。白居易在他的诗中提过这种地方官酒,如他在《府酒五绝》中曾写道:"自惭到府来周岁,惠爱威棱一事无。唯是改张官酒法,渐从浊水作醍醐。"在元稹的诗中也有"院榷和泥碱,官酤小曲醨""官醪半清浊,夷撰杂腥膻",从这些诗句中我们或许可以了解到以下的信息:和御酒相比,地方的官酒质量要相对差很多。究其原因,应该和地方酿酒工艺不高,而且要求也没有御酒生产那般严格有很大的关系。

相比御酒和地方官酒,民营酒坊则要显得平易近人多了。唐朝时期的民营酒坊基本都是集酿酒与售酒于一体的店铺,除了酒坊外,这些店铺还有很多别称,如酒肆、酒楼、酒家、酒舍、旗亭。在这些地方,你也能买到上好的酒,如花雕、女儿红。韦应物在《酒肆行》中写道:"豪家沽酒长安陌,一旦起楼高百尺。碧疏玲珑含春风,银题彩帜邀上客。回瞻丹凤阙,直视乐游苑。四方称赏名已高,五陵车马无近远。晴景悠扬三月天,桃花飘俎柳垂筵。繁丝急管一时合,他垆邻肆何寂然。主人无厌且专利,百斛须臾一壶费。初醲后薄为大偷,饮者知名不知味。深门潜酝客来稀,终岁醇醲味不移。长安酒徒空扰扰,路傍过去那得知。"这首诗以简练的语言反映了当时民营酒坊的经营情况。在唐代,凡是卖酒的商户都可以做到自产自销,而且这些地方也提供饮酒的处所,换句话说,它们是普通百姓饮酒作乐可以去的最好的场所,也是日常购买酒水的主要场所。

说了官酿酒、民营酒,我们再来说一说这家酿酒。家酿酒正如字面显示出来的意思,是自己在家用传统酿酒工艺制造出来的,主要供自己饮用的酒水。和我们现在一样,家里自制的东西一般要比从外面买回来的健康、卫生。当时的百姓在制作家酿酒的时候,不会少料掺假。因此,唐代的家酿酒一般都具有较高的品质。正所谓"酒香不怕巷子深",有一些家酿酒更是因为其香醇而远近闻名，使得街坊四邻纷纷前往购买。如白居易《咏家酝十韵》的诗后注中有"水用九月九日，曲用七月上寅"；孟浩然的《裴司士员司户见寻》中有"府僚能枉驾，家酝复新开"；白居易又有诗云"家未苦贫常酝酒，身虽衰病尚吟诗""莫愁客来无供给，家酝香浓野菜香"；刘禹锡也在诗中写"若倾家酿招来客，何必池塘春草生"。有这么多的诗人对家酿酒赞赏有加，可见家酿酒虽然不如那些特供酒高贵，但是胜在用料货真价实，不会掺假，因此口味也未必就比特供酒差到哪里去。这种酒除了可以自己在家小酌外，也是款待宾客的上佳饮品。

葡萄美酒夜光杯｜葡萄酒

除了酿酒的途径比较多之外，唐朝酿酒用的材料也是五花八门，其多样性和现代的酒相比也丝毫不逊色。有最基本的用谷物酿的酒，还有用水果制成的水果酒，用花草植物酿制的花草酒，甚至还有用动物酿制的酒，可以说酿酒的原料只有你想象不到的，却没有唐人做不到的。

我们在读书时一定都学过王翰的《凉州词》，诗中写道："葡萄美酒夜光杯，欲饮琵琶马上催。醉卧沙场君莫笑，古来征战几人回？"这里提到的"葡萄美酒"，就是用葡萄酿制的，和我们今天喝的葡萄酒相似，其实葡萄酒的饮用在唐朝时期就已达到了一个顶峰。

葡萄酒真正传入中国是在西汉时期，是由谁引进来的？即使笔者不明说，大家也一定猜到了。没错，就是张骞。张骞在引进葡萄酒的同时，还带来了酿酒的工艺和匠人，但是葡萄酒真正得到发展，却是在唐朝。唐朝以前，人们饮用的酒主要还是用粮食酿造出来的。而在唐朝，人们认为用粮食酿造的酒无论是在色泽、香度还是口感上，都是没有办法与葡萄酒相比的。唐太宗李世民更是喜欢自己亲手酿造葡萄酒。

李世民喝葡萄酒讲究氛围，也注重礼仪和细节，不管是邀月独饮、宴请群臣，还是与后宫皇妃、李氏家族团聚，都要斟上"千日醉不醒，十年

△图为唐代长沙窑青釉酱彩贴塑敞口执壶。现藏于池州市秀门山博物馆

味不败"的葡萄酒。他甚至还规定和尚也可以喝酒。由此也可以看出唐朝时社会的包容度。也正是因为有这样的唐朝盛世，才能使诗酒文化得到长足的进步与发展，而正是诗酒文化的发展才使唐朝成为"前无古人，后无来者"的一个盛世时代。

温酒不伤胃｜饮酒习惯

中国人在喝酒，特别是喝谷物酿造的白酒时，习惯将酒烫了之后再饮用。这种好的饮酒习惯正是从唐朝兴起的。春夏时期，喝酒不用考虑那么多，可以拿过来就喝，但是到了秋冬时节，天气寒冷，如果再这么饮酒，就会伤害身体。

因此，对于在养生方面十分在行的唐人来说，在寒冷的季节喝冷酒可以说是大忌。唐人在喝酒的时候，会先把酒倒在一种特制的器皿中，然后再将这个器皿放到热水里烫一烫，之后再喝，这样喝下去的酒可以温暖五脏六腑，从而使得身体跟着暖和起来，对健康有很大的好处。

唐人的"温酒"习惯有诗为证，元结的《雪中怀孟武昌》诗云："烧柴为温酒"；白居易在《送王十八归山寄题仙游寺》一诗中有"林间暖酒烧红叶，石上题诗扫绿苔"。这些都证明了当时喝烫好的酒是一个约定俗成的事情。而这种喝酒的方法也传到了后世，现在有很多地方，在冬季到来之时，都会"烫"上一壶酒，再炒两个下酒菜，一家人坐在一起其乐融融，一边品尝美酒佳肴，一边闲话家常。想必这也是受唐代的影响吧。

喝酒也能喝出花样来｜酒具

唐朝真的是一个喜欢喝酒的朝代，可以说唐人对于酒文化有独特的研究。唐人为了能够更好地喝酒，不仅发明出各种各样的器具，而且还发明出喝酒时玩的游戏，不得不说唐代在某些方面确实是挺厉害的。比如"贞观之治"时期，有一些能工巧匠竟然发明了能够自动斟酒的机器。

公元 647 年里的某一天，李世民在皇宫里举办了一场盛大的宴会，目的是招待几位来自中亚部落的首领。宴会上，李世民为了显示自己的国家是一个有着几千年文明的泱泱大国，下令在宫殿大厅的正中央摆上一个高架，然后在上面放置用银制造而成的大酒罐。只看着这一套装备，你可能还看不出此器物究竟有何玄机，但等笔者解答过后，你一定会拍手称奇。

其实在那个高高的大架子中隐藏着水管，而那水管与宫殿东面的一个酒池相连接。酒能够通过水管从酒池进入放置在高处的酒罐，等酒罐中的酒达到一定量的时候，酒罐就会自动倾斜，这样酒就能够倾泻到早已放好的容器中。然后宫女们再用长柄勺子把酒盛到宾客的杯中。看到这儿，你是不是已经开始佩服古人的智商了呢？不只是你，即使是当时在场的外国使节也为这种精湛的工艺叫好。

不过，如果你以为皇上用的这东西已经很厉害了，那你就大错特错了。咱们常说，高手、人才啊其实都在民间。这在历朝历代估计也都是一样的。正所谓人民的力量是无穷的。这不，在唐朝时，就有一个县令，他也十分爱喝酒，喝的时间长了，就觉得自己一杯一杯地倒酒实在是太麻烦了，于是他就想，能不能想到什么方法，可以既喝了酒过了酒瘾，又不用自己费劲地倒酒呢？哎，你别说，还真让他想出来一个办法。他做了一个木质雕像，这个雕像不但能依次为宾客倒酒，还能把酒杯传给大家。大家看到之后，纷纷称奇。后来这主儿越发明越开心，他发现喝酒的时候身边没有什么声音也没意思，于是就又弄出一个女歌者的雕像，这个雕像不仅可以一边演奏乐器，一边唱歌，而且还可以在客人喝完酒之后，把酒杯收走。

怎么样，够神奇的吧？可见劳动人民的智慧实在是太伟大了，也难怪人家大唐能发展成天朝上国了。

水村山郭酒旗风｜酒幌的由来

说了这么多和酒具相关的内容，我们再来聊点其他的。在前面，我们说到民营的酒坊又叫旗亭，大家看到这个词的时候可能会觉得奇怪，明明是酒坊，为什么会叫旗亭呢？

不知道大家有没有发现，在很多武侠小说或者电视剧中，很多酒家都挂着酒幌。这个东西就是在唐朝时期出现的。在唐朝诗人杜牧的《江南春》中有这样一句诗："千里莺啼绿映红，水村山郭酒旗风。"这里面提到的"酒旗"，就是我们常说的"酒幡"或者"酒幌"。

传说，在唐太宗时期，有一个做饭做菜好吃得不得了的大厨，在京城长安开了一家饭店。他做的饭菜好吃是远近闻名的，你要是到了长安不上他家吃一回他做的菜，你都不好意思说你到过长安。这家饭店太有名了，人们一传十十传百，最后传到了李世民的耳朵里。李世民心想：这是什么好吃的地方啊，我这个做皇上的也得去看看，不然大臣们都吃过，我这个做皇上的却没有吃过，那岂不是要被潮流给甩出几条街了？于是，他也光顾了这家饭店。

要知道，皇上来吃饭，那可不是小事儿，要是伺候不好，饭店没了不说，还得掉脑袋。不过也不用担心，因为唐太宗不是那蛮不讲理，随便大开杀戒的人。虽是如此，但对普通老百姓来说，第一次见皇上，还是要小心谨慎。因此这个厨师一边心里担心着，一边小心翼翼地做了很多的拿手好菜，等着皇上品尝。

饭菜刚一上桌，唐太宗就已经闻到了满室的菜香，而当他吃了一口之后，就彻底被这美味征服了，不禁赞叹道："真是人间美味啊！"这被大家称赞的饭菜确实好吃，甚至比皇宫里的厨师做的菜还要香。

当唐太宗吃完之后，他想了想，觉得自己怎么也是皇上，来了这家店吃饭的事情，得让别人知道。于是他就派人做了四个漂亮的幌子赏赐给这个店家。别的饭店老板一看，自打皇上赏赐的幌子挂在了这里之后，来这家吃饭的人变得更多了，再这样下去，自己都没有活路了。思来想去，别的店铺想出个主意，也纷纷模仿皇上赏赐的幌子做了类似的，然后挂在了自家饭店前面。这样别人就无法分辨出究竟哪家是皇上去过的那家了。笔者估计"山寨"就是打那时候来的。

当然，这也只是传说，事实究竟如何，我们已经不得而知。不过，打

△图为唐太宗李世民（599—649），他是唐朝的第二位皇帝，在位长达二十三年，他统治时期被称为"贞观之治"，在他的统治下，唐朝国泰民安，其都城长安也成为当时的国际大都市

幌子卖东西确实是商家的一种宣传手段,但有一句话怎么说的来着?哦,对了,"幌子不是你想打,想打就能打",并不是任何店铺,都可以随便挂幌子的。一般来说,挂一个幌子的,通常都是卖包子、饺子、油条、豆浆一类的小吃店;挂两个幌子的卖的东西能多点,但也就是个小炒的水平;至于挂四个幌子的地方档次那就高了,基本上可以说你要什么就有什么了,这样的店铺相当于现在的中级酒店水准。这幌子挂得越多,就说明这饭店的水准越高,规模越大。而插上八个幌子的店就能承办各种大型宴会、庆典了。在曾经热播一时的电视剧《闯关东》中,男主角刚开了家饭店,就在门口挂了四个幌子,还因此遭到周围其他开饭店的人的妒忌呢。

这好酒的朝代弄出这么一个东西来区分饭店的水准,也可以说是特殊时代造就了特殊产物了。

这酒也有了,店也有了,咱就该吃吃、该喝喝吧。什么?你说就这么干吃没意思,怎么没有人来陪酒呢?说这话你可就真小瞧了咱们的大唐朝了。在这么发达的朝代,区区一个陪酒人怎么会没有呢?但是今天时间已经差不多了,更多关于唐朝的酒水方面的事情,我们就留到下面再讲,请大家自觉跟随哦。

(四)煮酒论英雄,饮茶谈君子之三

三陪不一定三俗 | 酒姬

在上面,我们曾提到过在唐朝时就已经有了所谓的"陪酒女",根据很多唐代史料的记载,在唐朝时的酒店中,有一种专门劝人喝酒的招待,叫作"胡姬",她们的工作和今天在酒店或者KTV中推销酒水的"酒花"差不多。

但与现在不同的是,那时候的胡姬除了长得漂亮外,大都能歌善舞,可以靠自身的才艺来招揽客人。不像现在,推销酒水的女孩子们为了卖出酒只能靠自己的三寸不烂之舌。遗憾的是有关胡姬的内容在唐朝的正史当中并没有记载，只有在《全唐诗》等文学作品中，才能见到她们的身影。

初唐诗人王绩曾以隋代遗老的身份官待诏门下省，因他每日饮酒一斗，故而被称为"斗酒学士"。他在《过酒家五首》中最先描写了唐代城市里酒肆中的胡姬："有客须教饮，无钱可别沽。来时长道贳，惭愧酒家胡。"这里的酒家胡是指胡人开的酒店，而且钱少了不好意思进门，很显然有为侍酒的胡姬准备"小费"的意思。

由名字也可以看出，唐朝时有陪酒的"胡姬"，并不是汉人酒店的习俗。之所以叫"胡姬"，是因为这种招揽顾客的女子只在胡人开的酒店里才能看得到。胡人酒店之所以会这样做，是因为他们发现自从有了胡姬之后，酒客们便络绎不绝，让自己酒店的生意好了很多。

据记载，在唐朝的都城长安，从西市附近到城东面的春明门外，一直向南延伸到曲江池一带，有很多这种配有"胡姬"的胡家酒店。因此这些地方也就成为当时人们常常光顾、休闲放松的好去处。再加上胡家酒店基本都在城门路边，因此很多为朋友饯行的酒会也都喜欢选在这里。岑参在《送宇文南金放后归太原寓居，因呈太原郝主簿》中写道："送君系马青门口，胡姬垆头劝君酒。"

酒肆中除了美酒，还有美味佳肴和音乐歌舞。贺朝《赠酒店胡姬》诗生动描写了胡姬酒肆里的情景："胡姬春酒店，弦管夜锵锵。红口羽毛铺新月，貂裘坐薄霜。玉盘初鲙鲤，金鼎正烹羊。上客无劳散，听歌乐世娘。"纵观《全唐诗》，在诗人中最喜欢光顾胡姬酒店的当数"诗仙"李白了。想想这也很正常，毕竟李白只是单纯的好酒之人，他本身也喜欢歌舞，而在胡家酒店不仅可以喝到美酒，还有美人吟歌伴舞，自是别有一番风情。像他这种常年混迹艺术圈的人，又怎么会不喜欢呢？所以我们在他的诗作中能看出来，他对胡姬的描写甚多。他指出胡姬常在酒店门口招揽顾客："何处可为别？长安青绮门。胡姬招素手，延客醉金樽。"（《送裴十八图南归嵩山二首》其一）胡姬能招揽顾客，一是凭异国情

△图为胡姬酒肆中跳舞的胡姬。隋唐时期，西域文化包括宗教（如景教、祆教）、服饰（如胡服翻领窄袖）、饮食（如胡饼、烧饼）、绘画、歌舞、音乐及乐器等一起传入长安。音乐主要有龟兹乐、天竺乐、疏勒乐、安国乐等。乐器舞蹈也随之而流行

调的美貌，二是凭高超的歌舞技巧。李白在《醉后赠王历阳》中写道："双歌二胡姬，更奏远清朝。举酒挑朔雪，从君不相饶。"他在另一首诗《前有樽酒行·其二》中又写道："琴奏龙门之绿桐，玉壶美酒清若空。催弦拂柱与君饮，看朱成碧颜始红。胡姬貌如花，当垆笑春风。笑春风，舞罗衣，君今不醉将安归？"由此也能知道，在那时干这行的胡人女子并不在少数。

胡家酒店生意好的原因之一就在于有美女。有美相伴，天下可忘，对着貌美如花的女子，那些文人骚客也是才思泉涌，因此，在胡家酒店里也催生出很多优美的诗篇。特别是那些"醉翁之意不在酒"的人，去这种酒店喝酒的原因其实就是迷恋这里。据说，家喻户晓的《西厢记》的故事的原型就是元稹根据自己的亲身经历写成的。而根据一些专家的考证，得出的结论则是元稹过去的情人并不是书中所说的大户人家的"崔莺莺"，而是能歌善舞，有着迷人脸庞和笑容的胡姬。

当然，如果单纯靠女子的容颜来拉拢顾客，必不会太长久，因为即使再漂亮的容貌，也总有看厌的一天。真正能做到"相看两不厌"的，恐怕也"惟有敬亭山"了。因此，想要留住客人，最好的方法还是要有好酒。这些胡家酒店里的酒大都是从西域传入的名酒，像高昌的"葡萄酒"，波斯的"三勒浆"、"龙膏酒"等。高昌"葡萄酒"在唐太宗平定高昌后传入我国。《册府元龟》记载："收马乳蒲桃实于苑中种之，并得其酒法。帝自损益，造酒成凡有八色，芳辛酷烈，味兼缇益。既颁赐群臣，京师始识其味。"这是中原仿制西域酒的开始。顺宗时，宫中还有古传伊朗高原东部古国所酿的龙膏酒。

咱喝得文雅点行吗？ | 酒令

饮有美酒，陪有美女，这回总可以开始大喝特喝了吧。喝到兴头上，突然想划上两拳了，于是对大家伙说道："来来来，我们划拳，输的喝酒。"然后想也没想就挽起袖子准备和大家拼上一场。但是你要知道，你现在所处的可不是现代，一说到划拳就只知道"哥俩好啊……六六六啊……"这类粗鄙的酒桌游戏。那是个诗歌盛行的年代，文学艺术圈非常活跃，在那种情况下，就连喝酒喝得都要比其他时候文雅许多。所以，即使在酒桌上，玩的游戏也是和现在不同的。比如掷骰子啊，猜迷语啊，转勺子啊，这些游戏都是酒桌上常见的，但若说到最常玩的，还应属"行酒令"。

酒令，是古代喝酒的时候常常被拿来助兴的游戏。玩法就是在酒桌上指定一个人做令官，有些类似于主持人。然后在这个主持人说令之后，其他听到令的人就要开始轮流说诗词。形式有点像我们今天玩的接龙游戏，接不上来的，或者是违令的人，就要罚酒一杯，所以也有人称这种游戏为"行令饮酒"。

根据史料记载，作为古代专门监督饮酒仪式的酒官，最早出现于西周后期。在《诗·小雅·宾之初筵》中就曾出现过"凡此饮酒，或醉或否。既立之监，又佐之史"这样的诗句。这里面所说的酒监、酒史就是酒官，也就是令官。由此可见，酒令起源甚早。在《韩诗外传》中也有相关记载："齐侯置酒令，曰：后者罚一经程，酒令之名始此。"

中国的酒令五花八门、包罗万象，见于史籍的就有雅令、四书令，花枝令、诗令、谜语令、改字令、典故令、牙牌令、人名令、快乐令、对字令、筹令、彩云令等。

由于唐朝是一个又能喝、又能文的时代，所以酒令在这个时代越发风行起来。正所谓"唐人饮酒必为令为佐欢"。白居易也在诗中写道："花时同醉破春愁，醉折花枝作酒筹。"这里面说的"酒筹"是行酒令时必备的道具，它的作用就像现代赌场中所用的筹码。只不过这个筹码是出现在酒桌上的，所以叫作"酒筹"。由于古代没有计算器，所以他们只好使用竹子或者木头削成的"筹子"来进行运算。当然，也不乏一些头脑比较好、智商比较高的人，不需要借助这些东西，光靠心算就已经能够算个大概。有个成语叫"运筹帷幄"，这里面的筹就是借用了"酒筹"的引申义。

从唐朝开始，"筹子"在酒局中有了两种用法，一种是白居易诗里

△图为唐代论语玉烛龟形酒筹筒及酒筹

所写的那种,还有一种就比较复杂了。它是把酒令的令约和酒约刻在银、象牙、骨头等做成的筹子上,然后像抽签似的按照顺序抽取出来,再按照自己抽出来的令约行酒令。这种形式有点像今天我们在喝酒或者唱歌时玩的"真心话大冒险"一类的游戏。而这类游戏中所使用的筹子,和"筹码"的作用不同,并不是用来计数,而是用来做令约的。

在江西曾经出土了一套筹令,据考证,这是距今为止出土的最早的筹令。这种筹令是在一只鎏金龟的背上铸一个"论语玉烛"的筹筒,里面有用银制成的五十枚筹子,银筹的一面刻着文字,文字的内容是《论语》中的一句话再加上一句令约。令约就是说明抽到这支酒令后要做些什么。包括喝酒的对象、行酒的方式、喝多少等。行酒方式分为饮、劝、处、放这四种。"饮"是自饮,"劝"是给别人敬酒,就是让别人喝,"处"是指罚酒,"放"就是把抽到的酒令放回去重新再来。其实这个我们在电视剧《红楼梦》中应该见过,《红楼梦》中有一大段都是讲这个的。

看到这儿,你可能会以为所谓的酒令就像上面说的那么简单,只是单纯地喝酒。如果你真的这么认为,那你就大错特错了。"行酒令"中可以说得上包罗万象,你要上知天文,下知地理,还要知道一些民俗、诗词、民间俏皮话等,若是肚子里没点儿墨水,恐怕是应付不来的。

另外,行酒令时你还要具备一定的度量,千万不能因为输了几局,被人罚酒,就当众翻脸,或者干脆逃跑,因为这样的行为是会被人家瞧不起的。如果你已经这么做了,那以后也不用再来参加这样的酒会了,因为没有人会请一个脾气不好、没有涵养、没有耐心的人一起喝酒的,那纯属给酒会找别扭呢,会让大家都没法玩得尽兴的。

在唐朝,最常见的酒令当属雅令。雅令也是从唐朝开始的,是当时的一帮文人学子在酒宴上使用的酒令。说白了就是一伙文艺青年喝酒时做的游戏。在唐代传奇《申屠澄》中还有一个关于雅令的趣事,讲述的是一段与姻缘有关的故事。

话说当时,有一个叫申屠澄的秀才,他通过科考之后,被封了一个县尉的官,也就是我们常说的县官。这一天,他领命去任地赴任,没想到不巧,路遇大雪,耽误了行程。没有办法,只能沿途找了一家百姓家投宿。虽然是寻常百姓家,只有一间比较简陋的房屋,但主人却十分好客,热情异常,这让在风雪中冻了好一阵的申县尉感到一阵阵的温暖。另外主人还给他准备了酒席,烫好了酒。

申屠澄是文人出身,身上自然免不了酸腐之气,于是在他喝得高兴之际,便举起酒杯应景地说了一句《诗经》里的句子,行了个雅令:"厌厌夜饮,不醉无归",话音刚落,主人的女儿就在一旁咯咯地笑。申屠澄不明所以,就问女子为何发笑。女子边笑边说:"这外面风大雪大的,你还想归到哪儿去呢？"说完，还出了一道酒令："风雨如晦，鸡鸣不已"。这个女孩子是个聪明人，她用的是《诗经·郑风·风雨》中的诗句，其中隐去了"既见君子，云胡不喜"之句。申屠澄是个读书人，又怎么会不明白那没说出来的话是指什么呢，这分明是借用酒令在向自己表达爱慕之情。于是申屠澄便向少女的父母提亲，男未婚女未嫁，又情投意合，自然是功德圆满，喜结良缘。

虽然这个故事听起来很美好，但若是将申屠澄换成一个没文化之人，想必就无法领悟到这其中的含意了，所以说这酒令还真就是给文化人准备的，对于我们这种不会吟诗作对的人来说，还真是有点难度。所以我们要想在唐朝边喝酒边玩，最好还是弄点自己能接受的，能玩得来的，就像之前所说的掷骰子、转勺子都是不错的选择。

酒品不好就是人品不好？ | 醒酒

在唐朝这样喝酒能喝得天昏地暗的朝代，如果经常参加宴会，或者会见一些文人墨客，却没有一个好酒量，那么喝醉酒是家常便饭了。即使是酒量很好，被称为"酒仙"的李白也常常喝醉。在给皇上写公文的时候，他也能够喝醉，而在旁边招呼他的人没有办法，只好往他的脸上掸水，让他保持清醒。但按照人家李白自己的说法，这些人这样做根本就没有必要，因为即使他喝得连自己是谁都不知道了，也照样能把自己的工作做好。

话虽然这样说，但据说，这位声名显赫的堂堂酒仙，最终还是因为喝酒而死了。据传有一天他在船上喝酒，或许是喝得太多，他低头看到月亮在水里的倒影，便伸手去水中捞月亮，结果失足落水淹死了，享年六十一岁。一代大文豪就这样因为醉酒而死，也是可悲又可叹的一件事情。

所以说，喝酒不仅会误事，还有可能会丢了性命。因此，知道一些解酒醒酒的方法，就显得尤为重要了。下面，我就在这里介绍几种醒酒的方法，以备各位的不时之需。

首先可以选择在宴会上摆放紫苏叶。紫苏叶就是今天我们吃烤肉的时候常常用来卷肉的"苏子叶",这东西看似不起眼,其实有着很好的醒酒作用,即使只是闻到它的气味,也可以让喝醉酒的人清醒,怎么样,是不是很神奇呢?另外,还可以熬煮一些醒酒汤,比如人参汤,不过对于生活普通百姓来说,这样的方法好像不太现实,毕竟人参是非常贵重之物。

△图为紫苏,亦称白苏,为唇形科一年生草本植物,茎叶能够发表散寒,发汗力较强,有很好的解酒效果

如果你已经喝酒喝得不省人事,连动都动不了,而且还头疼得难受,这时候,你就需要下面的这种汤了。首先把竹子的根部煮成汤,再在里面加入五个鸡蛋,然后把水喝下去,慢慢你就会感觉到头疼的症状减轻了,人也不会再昏昏沉沉的了。

上面所提到的都是一些比较普通的方法,也是一些能够被大众接受的方法。其实在唐朝的文献记载中,醒酒的方法有很多,但大多看起来都比较触目惊心,也不提倡使用。比如把母狗的乳汁加到酒里一同饮用,这种方法可以防止醉酒。虽然看似简单,但这种方法实则有很多讲究。这只母狗可不是什么样的都行,必须得是白色的。你要说用个花的、黄的、黑的,那都不顶事儿,说白的就必须得是白的,有一根杂毛都不行。另外还有的说把柳花碾碎，然后和老鼠的头皮放在酒里一起喝的。这方法……你看看，那得多恶心啊。让我说，这方法肯定好用，你想啊，一想到自己喝的是老鼠的头皮，那酒吓也能被吓醒了。

据说，在当时比较好用的一种方法是从东南亚那边传过来的，人们在枯萎的叶子中，包上削了皮的槟榔，然后再在上面撒上用牡蛎壳磨成的粉末来食用。据说这种食物可以帮助人们消化，还能醒酒，因此在唐朝的宴会上，这是必不可少的一道菜。不管怎么说，这种解酒的方法听上去比较正常，还在人们可以接受的范围内。

说到这儿，关于大唐喝酒的事儿也就唠叨完了，接下来，我们就要讲一讲有关茶和其他饮料的事儿了。

（五）煮酒论英雄，饮茶谈君子之四

陆羽是谁？ | 饮茶习惯的开始

在中国的传统饮品中，除了酒，恐怕最富中国特色的就要数茶了。如果说要挑两样可以代表中国的东西，那么一个是瓷器，另一个就是茶叶。

中国饮茶的历史源远流长，具体是从什么时候开始的，今天的我们已经无从考证，但根据传说来看，中国人从神农时期就已经喜好饮茶了。不是有那么句老话嘛，"神农有个水晶肚，达摩眼皮变茶树"，传说神农的肚子是透明的，好像水晶一样，从外面就可以看见食物在胃肠中消化的样子。当他品茶的时候，能够看到茶叶在自己的肚子里到处流动，好像在查找自己身体内的污垢一样，最后再逐渐把所有的污垢都带出体外。据此，神农就管这种植物叫作"查"，这就是茶的起源。但关于茶的起源问题，一直以来都众说纷纭。有的说中国人从上古时代就已经开始饮茶了，也有的认为是从周朝开始的，还有的说是从秦汉、三国、南北朝时期开始的。当然，也有一些专家认为，中国人真正爱好饮茶，是从唐朝开始的。看看，

△图为元代画家赵原所绘的《陆羽烹茶图》。此画现收藏于台北"故宫博物院"

唐朝还真是挺牛的,什么事它都能来掺和一下。

为什么会有唐朝是饮茶的起源时期这一说法呢?这主要是因为在唐朝之前,在中国浩如烟海的文字中,并没有"茶"这个字,而只有"荼"。这两个字长得的确有些像,怪不得直到今天,也有些小孩子在识字、认字的时候,会经常把这两个字弄混。其实,会出现这样的错误,还应该怪陆羽这个人。

陆羽是谁?看到这儿的时候,可能有人就会提这个问题了。不关注历史,也不爱喝茶的人不知道这个名字也算是比较正常的,毕竟他也算不得什么大人物,和历史上的那些名人相比,他就显得并不那么著名了。但在茶业界(这是什么界?)他可以说是十分有名的一个人物,因为他出版过一本与茶有关的书籍《茶经》。

看到这本书的名字,大家可能会有种恍然大悟的感觉,会有一种"哦,原来是他啊"的想法。这也可能是他的著作要比他本人出名得多的原因吧。根据陆羽的《茶经》记载:"茶为之饮,发乎神农氏。"既然连被人称为"茶仙"的陆羽都这么说了,我们也就姑且认为这个茶,是起源于神农氏吧。毕竟人家神农氏是种植农作物的始祖,把有关农作物的事儿都推到他头上也是正常的。当然，在《神农本草经》里也有说："神农尝百草，日遇七十二毒，得荼（茶）而解之。"因此，也有人说饮茶在早期并不是一种休闲活动，也不是为了消遣，那个时候的茶主要是用来治病的。或许，我们可以这么理解，将茶作为一种休闲饮品，是从唐朝才开始的。

饮茶的学问可大着呢｜饮茶的方式

关于唐人饮茶的习惯等内容，在陆羽的《茶经》里面都有记载。其中包括了"清平茶""文士茶""禅茶""民俗茶"等。下面我们就来分别讲一讲这些都是什么。

"清平茶"这个词不是出自别人，正是出自那个拥有好多名头，被世人称作"诗仙""酒仙""剑仙"的李太白。反正大家也算看出来了，跟唐朝有关的很多事情，都和他有关系。没办法，谁叫人家是名人，而不像我们只有个人名呢。

话说有一天，唐明皇李隆基突然闲情大发，就想找个人陪自己喝点东西，娱乐一下。想来想去，他想到了李白。世人都知道李白是个喜欢神仙般生活的人，所以这样品茶的美差，怎么能少得了他呢？于是李隆基派人把李白请来，拿出全国各地进贡来的新茶，与他一起品茶论道。你还别说，这李隆基还真挑对人了，恐怕也就李白能和他弄到一起去，这不，李白喝茶喝高兴了，马上大笔一挥，眨眼之间一首千古名篇《清平调》三首就出来了。那句著名的"云想衣裳花想容"也正是出于此。由此，这个清平茶也就被传了出来，而这茶也叫"君臣清平茶"。

要说这"君臣清平茶"也不是普通老百姓能消受得起的。想我们现在喝茶，一般不会讲究这个，讲究那个的，就是将茶叶直接放到茶碗中，然后用水冲泡一下就直接喝了。可在当时，人家可不这么简单，在宫廷里，喝个茶也算是一件大事，光是步骤就有十六步，分为备器、鉴赏茶饼、炙茶、碾茶、筛茶、候汤、投盐、舀汤、置茶兑汤、分茶、敬茶、闻茶、观色、

△图为 1987 年法门寺地宫出土的唐代茶具

品茶、谢茶等,这十六步足可以代表盛唐时期的宫廷茶艺。你说换一般人谁有这个耐心费这么多事,就为了喝口茶啊?说白了还不是因为有钱且闲,才发明出这个泡茶手艺来。

再来,我们说说"文士茶"。能发明出茶的不同喝法的人,不是闲人就是喜欢吟诗作对的文雅人士,而"文士茶"就是文人发明的。在前文中我们也多处提到唐朝是一个文化极其发达的朝代,那个时候你要是不会吟几句诗,你都不好意思和人打招呼。正如常言所说"熟读唐诗三百首,不会作诗也会吟",诗词在现代都能有这么大的影响力,更何况是在真正的诗文盛世大唐呢。

那时候有文化的人特别多,估且就称他们为文学艺术圈的人吧。想这么些人都有着相同的志向和远大的抱负,自然也就有很多的话题可以聊了,所以他们没事就会组织茶话会一类的活动,大家聚在一起喝茶、作诗、写文、论道。

高僧皎然的《饮茶歌诮崔石使君》就是在这种茶话会中写成的。诗里写道："一饮涤昏寐，情思爽朗满天地。再饮清我神，忽如飞雨洒轻尘。三饮便得道，何须苦心破烦恼。此物清高世莫知，世人饮酒多自欺。"你看看，这喝茶的还看不上喝酒的，觉得喝茶的人都是文人雅客，而酒这种俗物是登不了大雅之堂的。这让酒茶通吃的文人中的榜样——李白大人情何以堪啊！

在这些饮茶诗中最著名的是卢仝的《走笔谢孟谏议寄新茶》，这首诗中所论述的七碗茶更是为世人推崇。"一碗喉吻润，二碗破孤闷，三碗搜枯肠，唯有文字五千卷，四碗发轻汗，平生不平事，尽向毛孔散。五碗肌骨清。六碗通仙灵。七碗吃不得也，唯觉两腋习习清风生。蓬莱山，在何处？玉川子，乘此清风欲归去。"看看这首诗中所描述的事情多神奇啊，喝了七碗茶就能变成神仙。和那些小说里的修仙法相比，这个七碗茶的修仙法，真是太简单了。一个人只要喝了七碗茶，就能直接羽化登仙，万事大吉。

一众文人聚在一起喝茶，那讲究肯定不能少，在我们看来可能比在宫廷里喝茶还要麻烦，因为他们除了备器、赏茶鉴茶、鉴水、烹茶、闻茶、观色、谢茶等这些之外，还得净手、焚香、礼拜，而那些接受邀请，有幸参加了茶会的文人雅士还会用弹琴、吹笛、舞剑等助兴节目把茶会的气氛营造起来，表达对主人的感谢之情。看看，喝个茶比给菩萨上香还费劲，要说这为了喝茶费劲的劲头可能和我们现在那些讲究精致生活的"小资"有一拼了吧。

接下来出现的就是禅茶了，考古队曾经在法门寺地宫里挖出来一些出自大唐宫廷的茶具，专家认为这完全可以证明唐朝时期，佛门禅茶已经非常兴旺。关于禅茶，这里面还有一个小故事：大家都知道，古代的皇上都希望自己能活得长久，最好可以"寿与天齐"，对于帝王来说，拥有这样的想法再正常不过，因此，在历朝历代的帝王中，几乎没有几个例外。在唐宣宗时期，有一个得道的高僧，活了一百三十多岁。这件事情传到了唐宣宗的耳朵里，他便想知道老和尚长寿的秘诀是什么。于是，他就派人把这位得道高僧请到了宫里，然后向他详细地询问，到底他是吃了什么灵丹妙药，才能有这么长的寿命，而且即使年纪那么大了，身体依然和年轻人一样硬朗。

老僧说："我并没有吃什么药，只是从很久以前开始，我就喜好喝茶。"这位高僧一句话就点明了一切。常常喝茶是可以使人长寿的。即使在现代，相关研究也表明，茶里所含的成分很多都对人体十分有益，甚至有防癌抗癌的功效，而在唐朝时，靠喝茶来保持身体健康也已经很流行了。在前面我们就已经讲过，最早的时候，人们喝茶的主要目的就是治病。治病和休闲这二者并不冲突，饮茶一来能修身养性，二来能强身健体，所以何乐而不为呢？

因此，禅茶在当时也就渐渐地走红了，说起来这应该算是佛教中的一种茶道，是禅师茶艺、佛门品茗的高雅艺术。这种茶道程序十分复杂，分为礼佛、净手、焚香、备器、放盐、置料、投茶、煮茶、分茶、敬茶、闻茶、吃茶、谢茶等。总之一句话，这些茶道就是很复杂。

从以上说的那些也能看出来，喝茶在唐朝真的是很流行的，借用今天的一句时髦话："他们都是在用生命喝茶。"可以说在那个时候，饮茶已经成为很多人生活中的一部分，而对于普通老百姓来说，他们的茶水，则和我们现在的饮料有些类似。

据《封氏闻见记》记载："茶道大行，王公朝士无不饮者。"但这种饮茶的风俗最开始是流行于南方的，北方人喝茶倒并不多见。在《封氏闻见记》中也记载："南人好饮之，北人初不多饮。开元中，太山灵岩寺有降魔师大兴禅教。学禅，务于不寐，又不夕食，皆恃其饮茶，人自怀挟，到处煮饮。从此转相仿效，逐成风俗，起自邹、齐、沧、棣，渐至京邑。城市多开店铺，煎茶卖之，不问道俗，投钱取饮。"这里说明了喝茶是从南方兴起的。而僧人们广泛地种植茶树，也完全印证了"禅茶"在唐朝时期的流行。那个时期的普陀、灵隐等寺院的茶到了今天也仍然流行。

谈到喝茶，我们真要输给唐人了丨饮茶的方法

看了这些介绍之后，想必大家也知道唐人在喝茶方面是有着诸多讲究，和现代人的饮茶大有不同的。那个时候的茶叶基本不是散茶，而是茶饼。在现代所用的茶具——"茶道六君子"中的茶针就是为了刺碎茶饼。当然，现在的很多地方也在开始销售饼茶，如有名的"七子饼"等。

对于现代的大多数人来说，喝茶并没有那么多的讲究。除非是对茶有研究的人，他们在喝的时候可能会讲究一些，比如先烫杯，然后将第一泡倒掉，从第二泡开始喝。而在古代的时候则更烦琐一些，喝茶主要有煎茶和点茶两种方式。如果你对这两种方式都有所了解，那么你可能反而会觉得懂得的这点知识，和老祖宗们比简直不值一提，在他们的面前，你就像是一个没见过世面的人，会不自觉地对唐人抱以敬仰之情。

煮茶法，也就是煎茶，是中国唐代时期最普遍的饮茶法。陆羽在《茶经》里说："……其火用炭，次用劲薪。"这里的"炭"就是指普通的木炭，而"劲薪"是指桑树、槐树等烧起来比较旺的木柴。这里所说的炭也是有讲究的，比如说我们烤肉之后的那种粘染了肉腥味的木炭是不可以使用的，因为这样的木炭会坏了茶的味道。而如果柴在烧的过程中会生出大量的浓烟，这种柴也不适宜使用。

至于煎茶的过程，陆羽在《茶经》中已经做了详细的介绍。大体上来讲可以分为以下几步。首先要将饼茶研碎待用，这个时候，"六君子"就可以发挥它们的作用了。然后开始煮水，当然，木炭和木柴都是精挑细选的，泡茶所用之水的选择就更要谨慎了。正所谓"山水上，江水中，井水下"。看，这古人喝茶是多么讲究啊。

将水以炭火烧开，但不能烧到完全沸腾。这个时候，就可以加入茶末了，使茶末与水能够交融。当然，也有些人选择在第一次沸腾的时候，加入一些盐进行调味。在二沸时就会出现"沫饽"，这是茶的精华部分。这个时候就将沫饽放到固定的器皿中，留下来备用。不要以为这样就可

以了，这时火候远远不够，还得继续烧煮，使茶与水进一步融合，这个时候你再看，容器中已经是波滚浪涌，香味飘散而出。这种煮法称为三沸。三沸之后再将二沸时已经捞出来的沫饽浇烹茶的水与茶，但也不宜放入太多，要视人数多少而严格量入。这样，茶汤就煮好了，可以把它均匀地斟入各人碗中，这种行为也有着雨露均施，同分甘苦之意。

看到这儿你可能要说了，这用盐调味，那茶还能喝吗？不得齁死了！事实上盐也只是起到一个调味的作用，和做汤是一个道理，谁也没让你加入能把人咸死的量啊。而且如果你不好咸口的，完全可以选择其他的佐料嘛，比如葱、姜、橘皮、薄荷、枣，都可以放到茶里一起煎煮。甚至还有人加入酥、椒等佐料的。怎么样，唐人的喝茶习惯有些奇怪吧？如果你去了那里，恐怕一时半会儿还接受不了这种口味。不过，对于我们来说，也可以尝试一下用唐朝的方法来煎茶，说不定还会有意想不到的惊喜呢。不过，有一种还是很值得期盼的，就是加了酥的茶，这种茶类似于我们今天喝的奶茶，不论是口感上还是味道上，这两者都相差无几，所以在你习惯其他口味的茶之前，还是先喝酥茶吧。

另外一种饮茶方式叫点茶。这种饮法是将茶叶研成的末放在碗中调成膏状，然后再加入沸水做成茶汤。千万不要以为这就是随便加入热水把茶泡开就可以了，如果你这样想，那你真是有些瞧不起我们伟大的祖先了。这个注水可是要讲究技巧的，通过控制注水的速度和落点，可以使茶汤的纹路形成具体的图案，有的时候是文字，有的时候会是一些其他精美的图案。也有人管这种方法叫"水丹青"或"茶百戏"。怎么样？看到这儿你是不是又有种熟悉的感觉？对喽，外国人经常喝的花式咖啡就是这种形式的。要不怎么说咱们的老祖宗就是厉害呢，他们这样泡茶的时间，可比西方国家冲泡花式咖啡的时间早了好多年呢。不过令人遗憾的是，这门技术到今天已经失传了，想来就让人扼腕啊。

有一点让我们欣慰的是，唐朝时期的茶道习惯中有一些传到了日本，并在那里得到了发扬与传承，而日本如今的茶道，正是日本本土茶道与唐朝茶道融和之后形成的。从这里我们也能看出，唐朝时期关于茶叶的很多东西都传到了国外，尤其是日本。

现在去日本旅游的时候，你还会发现日本很多的茶店都悬挂着《饮茶十德》。对于《饮茶十德》，恐怕爱茶的中国人都不会觉得陌生，内容是："以茶散郁气；以茶驱睡气；以茶养生气；以茶除病气；以茶利礼仁；以茶表敬意；以茶尝滋味；以茶养身体；以茶可行道；以茶可雅志。"

而日本的《饮茶十德》，其内容与中国的并不相同："诸天加护；父母孝养；恶魔降伏；睡眠自除；五脏调和；无病无灾；朋友和合；正心修身；烦恼消减；临终不乱。"全篇都是用汉字写的，估计应该和中国也有些关系，极有可能也是从中国传过去的，或是从中国引进茶道的时候，根据中国文化拟写出来的。但不管怎么样，不论中国还是日本，《饮茶十德》都是讲茶的好处的，这一点在中国人和日本人的心目中是一致的，由此也可以看出中国文化的影响真的是十分深远的。

（六）煮酒论英雄，饮茶谈君子之五

陆羽是他 | 陆羽和《茶经》

我们在上一篇里提到了陆羽，笔者知道这本书是在讲唐朝，不应该浪费太多的笔墨去单独讲述一个人。但说到底，谈到大唐，有一些人还是不得不提的，更何况我们现在讲的是大唐的茶文化，那么这个陆羽就真的是不得不详细来说一说的人了，他和中国茶道的诞生息息相关，如果没有他，也许很多关于中国茶的历史，会就此埋没了也说不定呢。

陆羽这个人的一生漂泊坎坷，传说在他小的时候因为长得太丑，就连家里人都有些无法接他，甚至有人一看到他的反应都是"妈呀，见鬼了"，因此，他很小的时候就被家里人遗弃了。当然这都是在《新唐书》和《唐才子传》里记载的。虽然可能有人认为这是八卦，但是在陆羽自己写的《陆文学自传》中，也曾提及"字鸿渐，不知何许人也……有仲宣孟阳之貌陋，相如子云之口吃"。想来自己写的东西总不会是自己八卦自己吧，所以这人长得有点丑是可以肯定的，至于丑到什么程度，这个就不可考究了。

说这陆羽被遗弃之后也算是命不该绝，在竟陵西门外的西湖岸边被龙盖寺的住持智积禅师捡到，然后带回了寺里。这之后，陆羽就有了他的名字。至于名字的来历，据史书记载，在他稍大一些的时候："以《易》自筮，得《蹇》之《渐》，曰：'鸿渐于陆，其羽可用为仪。'"于是按卦辞由智积禅师定姓为"陆"，取名为"羽"，以"鸿渐"为字。但是关于他名字的来源，还另有一种说法，说是陆羽自己给自己定的姓，取的名，而其名字的本意是说自己虽然生为凡贱之人，但其实是天之骄子，虽然是父母所生，但好像又是从天而降。不管怎么说，这也是个说法，大家觉得哪个更有道理就自己选择吧。

有了名字的陆羽就在这龙盖寺里定居了，夜夜青灯古卷，日日诵读经书，不只如此，他还学会了煮茶的事务。

按道理说，在这种情况下，普通人想必早已经削发为僧了。但如果陆羽真的这么做了，那这世上恐怕就没有"茶神"陆羽，更不会有流传千古的《茶经》了，所以说陆羽他并不是一个普通人。虽然他天天受佛法的熏陶，但他并没有皈依佛门的打算。在他九岁的时候，有一天，智积禅师让他快点去抄经念佛，陆羽不肯，反倒问禅师："（释氏弟子）生无兄弟，死无后嗣。儒家说：'不孝有三，无后为大。'出家人能称有孝吗？"他不只这样公然地反抗佛法，还常常说："羽将授孔圣之文。"虽然说佛家讲宽容，但听到别人公然指责自己，谁能不生气呢？所以住持也恼了，就开始用繁重的杂活儿惩罚他，希望辛苦的劳作能使陆羽幡然悔悟。

就这样陆羽被派去扫地、清扫厕所、清理墙皮，除了给屋铺瓦，还要负责放牛。反正住持是什么苦活儿累活儿都让陆羽干，为的是让陆羽就范，甘心当一个和尚。但陆羽是属于越挫越勇的那种人，他不但不生气、不屈服，这些反而更加激起了他的进取心。你不是不让我认字吗？那我就用竹片在牛背上"写"字。不知道他从哪里得来了一本张衡的《南都赋》，虽然他认的字并不多，却也像模像样地看了起来。住持知道以后，更加心慌，心想，要再这么下去，他天天往外跑，不是更能接触到俗世的一些东西吗？于是住持便不再派给他放牛的活儿了，相反要他在寺中除草，同时还找一些老和尚看着他。

就这样，陆羽磕磕绊绊地长到了十二岁。年龄越增长，他越觉得在寺里过的日子不像人过的，于是有一天，他趁四处无人，便逃出了寺庙，自己出外谋生了。

但他不过是一个未成年的孩子，从寺庙逃出来，他又能怎么办呢？首先需要解决的就是温饱问题。说来也巧了，就在他饿得有些发慌的时候，正好有个戏班路过他们这里，于是他就跟着戏班走了，在戏班里学唱戏。虽然他长得丑，但为人很机灵，应变能力也强，于是在戏班里演起了丑角，丑角有些类似马戏团里的小丑，专门逗人发笑。你还别说，他干这行在当时来看，也算是小有成就。他的表演十分受人欢迎，后来他还给自己撰写了一本类似笑话大全的书籍《谑谈》，全书一共三卷。

日子一天天地过着，说平淡倒也还算过得去。陆羽也以为自己这一辈子都将会在这个小戏班中以扮演丑角为生。但俗话说，上帝为你关上了一扇门，一定会为你打开一扇窗，陆羽一不小心就遇到了他的"伯乐"，他一生中最大的贵人。

唐天宝五年，竟陵的太守李齐物和众人边喝酒边看陆羽的表演，看着看着，就萌生了一种惺惺惜惺惺的感觉，表演完之后，他派人把陆羽叫到身边，并赠给陆羽诗书，而且还亲自写了一封信，推荐陆羽到一个叫邹夫子的人处学习。后来，曾为礼部郎中的崔国辅被贬为竟陵司马，而陆羽也已经学有所成，下山入世，回到了这里。一个偶然的机会，两个人相识了，之后二人经常一起出去游玩，品茶鉴水，谈文论道。这样的经历也为陆羽后来的发展打下了坚实的人脉基础。

这之后，陆羽开始到处游历，寻访中国的名山大川，经过几年的旅居生活之后，他根据多年来自己的记录，编著成了《茶经》一书。这本书可以说是集中国茶文化之大成的作品。而由于陆羽本人从小受佛教影响，长大之后还接触了儒家和道家的文化，因此，其作品里融合了三家的思想精

第三章 咱们吃好喝好啊

△图为陆羽。陆羽,唐学者,字鸿渐,自称桑苧翁,又号东冈子,复州竟陵(今湖北天门)人。以著中国第一部茶叶专著——《茶经》闻名于世,对中国茶业和世界茶业的发展做出了卓越贡献,被誉为茶圣,奉为茶仙,祀为茶神

华，以至于《茶经》中既有道教中关于五行八卦的思想，也包含着儒家的世界观，同时还有佛家的佛法，达到了三者统一的境界。也因此而形成了以其为代表的茶道。

我们在之前也说过，在中国，茶道这个词是唐朝之后才开始有的，传到日本之后，对日本本土的茶道产生了一定的影响。而茶道，以不同的人为代表，可以分为三种类型：以皎然、卢仝为代表的修行类茶道，以陆羽为代表的茶艺类茶道和以常伯熊为代表的风雅类茶道。

我也很有名的，好不好？| 皎然和茶道

虽然说陆羽是唐朝时期茶文化的代表人物，在中国茶文化史上也是很著名的一个人，但"茶道"一词最早并不是由他提出来的，而是一个叫作皎然的人在自己的诗《饮茶歌诮崔石使君》中首先使用。诗中写道："越人遗我剡溪茗，采得金芽爨金鼎。素瓷雪色缥沫香，何似诸仙琼蕊浆。一饮涤昏寐，情思朗爽满天地。再饮清我神，忽如飞雨洒轻尘。三饮便得道，何须苦心破烦恼。此物清高世莫知，世人饮酒多自欺。悉看毕卓瓮间夜，笑向陶潜篱下时。崔侯啜之意不已，狂歌一曲惊人耳。孰知茶道全尔真，唯有丹丘得如此。"这首诗是僧皎然喝了越人赠送给他的剡溪茶后，突然觉得身体里有一种情绪躁动，然后文思泉涌，一首诗文从胸中喷涌而出。而他也是修行茶道流派的代表人物。

这种茶道主要是通过饮茶，最终达到一个自我领悟的境界。从上文的诗中我们也能看出来，他将"三饮"之后的感受和羽化登仙归为一类，足以见得饮茶是一种可以修身养性的活动。这从另一位代表人物卢仝的诗中也能看出来。他有"柴门反关无俗客，纱帽笼头自煎吃"的诗句。这首诗向人们介绍了在什么样的环境下品茶才能达到得道成仙的境界。"碧云引风吹不断，白茶浮光凝碗面"写出了茶的性状和特征。在喝茶的过程中，喝第一碗仅是起到一个解渴的作用，也就是"喉吻润"，这样只是单纯地满足了生理上的需求；喝第二碗茶之后，就达到了"破孤闷"，也就是说，

不管有多少烦心事，喝了这第二碗茶之后，也就能一扫而光了，完全不会觉得郁闷和孤独，从生理感受上升到了心理感受，有了一个层次的提升，到了第三碗的时候，作者写了"三碗搜枯肠，唯有文字五千卷"，抒发了作者有一种志向，而为了实现这种志向，他不惜过着物质上清贫、精神上富有的生活；"四碗发轻汗，平生不平事，尽向毛孔散"，在第四碗茶后，达到了生理和心理的统一，既有生理感受方面的汗水轻发，又有对不平现象郁结于心中的郁愤，借助于饮茶发汗而皆散发，层层递进，使心灵轻盈；"五碗肌骨清"，肉身凡胎的肌肉与骨骼也由于饮茶而净化，变得轻松、轻灵，量变已累积至临界状态，为精神升华打好了基础；"六碗通仙灵"，人的肉体与心灵通过饮茶得到彻底净化，乘着清风达到仙人合一的灵境，达到了茶道的境界。

经过分析，我们可以看出，这些人靠饮茶来追求一种精神上的最终愉悦，不能不说是一种自我疗伤的好办法，那些因为生活上的各种原因而郁

▽图为唐《宫乐图》，此图生动地描绘出了晚唐时期，宫中佳丽围坐品茗听乐时的场景

郁不得志的人，也可以尝试一下煎茶，喝上几碗之后，看一看到底会不会达到这种效果。如果你的体会和上面提到的人的感受相同，那么恭喜你，你已经"成仙"了。

另一个流派就是以陆羽为代表的茶艺类流派了。这个流派的特点及其内涵，在《茶经》里全部都有记载。虽然字数不多，全书下来只有约7000字，却全面系统地总结了唐代及以前有关茶的知识与经验，生动具体地描述了茶的生产、品饮及茶事，言约意丰地深化和提高了饮茶的美学和文化层次。全书共三卷十章，短短数千字，便将一个色彩斑斓的茶的世界展现在读者的眼前。

还有一种就是以那些王公贵族、文人骚客为代表的风雅派。这一派的人其实很像今天的"小资"，他们最注重的是物资上的享受和文化上的共鸣，喜欢走文艺青年的路线。在饮茶上十分追求形式上的美感。比如说喝什么茶要配什么茶具，喝茶之前要做些什么，喝茶中间要吃些什么，等等。

看到这儿有没有一种云山雾罩的感觉？那就对了。如果不是这样，怎么能看出来唐朝文化底蕴的深厚呢？如果不是有着这么丰富的内涵，唐朝的茶道又怎么会被日本借鉴去呢？所以说，在某些方面，我们不是老祖宗的对手，真的应该多多阅读古籍，然后从中吸收他们的经验和精华，使那个时代的文化在今天大放光彩。

除了酒和茶就没别的可喝了吗？ | 其他饮品

酒水篇几乎全是在讲酒文化和茶文化，这样可能也使很多人以为唐人除了喝酒，就是喝茶，日常生活中再没有其他的饮品了。如果你真这么想的话，那只能说你有些先入为主了。因为我们现在所写的朝代，可是那个在世界上极负盛名的大唐朝，怎么可能在饮品方面只有单调的两种呢？毕竟人们的口味都是不尽相同的。有喜欢喝酒的就有喜欢喝茶的，有喜欢喝茶的就有喜欢喝牛奶的。是的，你没有看错，在唐朝时期也是有牛奶可以喝的。

关于牛奶的饮用，其实也和人们的饮食习惯有着很大的关系。正如茶在南方地区比较盛行一样，牛奶是北方人常常饮用的。

那个时候的民族大融合并没有达到现在的程度，经济发达的地域还都局限在南方等地。在北方基本上都是游牧民族，人们靠放牧为生，因此他们喝动物的奶也就成为一种理所当然的事情了。虽然我们现在已经通过科学研究了解到，绝大部分的中国人的胃里并没有适合用来消化牛奶的酶，但因为北方人从小就有饮用牛奶的习惯，所以即使无法消化，他们依然喜欢通过喝牛奶来强壮身体。甚至还有些人认为，北方人之所以会长得那么高大，正是因为他们从小就喜欢喝牛奶。

除了牛奶之外，还有一种饮料，你无论如何都想象不到，那就是速溶果汁。你可别小看这果汁，味道可一点都不比我们今天常喝的果汁差。拿红枣汁为例，人们会先把红枣放在太阳底下晒干，然后再把枣放到锅里煮熟。再将煮过的红枣里多出来的水分挤干，之后将大枣放入盆里捣碎。捣碎后的果肉再放到纱布里面把水分沥干，之后将其放到容器中，经过暴晒，完全变干之后，用工具或者直接用手将固体捻成粉末。等到想要饮用的时候，直接加水冲泡即可获得一杯香浓的红枣汁。如果在其中加入牛奶，那将会是一杯非常好喝的红枣牛奶。

神奇吗？一点都不神奇，这不过是唐人智慧的一部分而已。虽然和现在相比，保存的时间可能并没有那么长，但人家那才是纯天然、无污染，不含任何添加剂、防腐剂的速溶果汁啊，是我们现代勾兑出来的饮料完全无法匹敌的。

而且人家也是有很多口味的，按照相同的方法，还可以把杏、海棠果等制作成粉末状，在旅游的时候可以随身携带。更牛的是，他们会把醋加入这些饮品里面。"苹果醋"就是他们除了酸梅汤之外的另一种用来消暑的饮品。

如果这些饮品你都不喜欢的话，那么你唯一的选择就是水了。但因为你是生活在唐朝，所以你应该要感到庆幸，至少那个时候的水是清澈透明的,即使是溪边的水,也完全没有任何化学污染,而地下水中更是富含多种矿物质。据说一个人如果常年喝这种矿物质水可以延缓衰老,延年益寿。经常喝这样的天然矿物质水,对人的身体健康有很多的益处。

怎么样?是不是越来越羡慕唐人的生活了呢?那是一个自由、奔放的年代;那是一个可以大碗喝酒、大口吃肉的年代;更是一个爱品茶、喜欢文学的年代。这么说来,大家还是放弃穿越到清朝的想法吧,如果真的想来一次"穿越"旅行的话,唐朝才是你的不二选择,至少在唐朝那个相对开放的朝代,一个"未来人"想生活下去,也许并不是那么困难的。

第四章　我爱我的城市

（一）东洛阳，西长安之一｜城市篇

唐朝时的北上广｜唐朝的国际大都市

　　提到如今中国的国际化大都市，大家都会首先想到哪几个呢？北京？上海？广州？深圳？这四大城市也就是人们常常提到的"北上广深"。在现代人们的心中，这四个名字就是中国一线城市的代名词。当有人问你"唐朝时期的国际化大都市是哪些"这样的问题的时候，你可能就会一时语塞，脑袋像短路了一样，完全回答不上来。心里还要一个劲地嘀咕：我活在现代，为什么要关心一个一千多年前的朝代的繁华都市在哪儿，这不是吃饱了撑的吗？

　　非也，非也！不管怎么说，在中国的历史上，能够让我们炎黄子孙感到骄傲的朝代也就那么几个，而唐朝更是在这几个朝代中也大放异彩。它的璀璨程度，让古今中外许多人都为之折服，无限地心驰神往，更有许多外国人，一心要学习唐朝的历史。因此，我们这些现代的中国人，又怎么能不对它多做了解呢？如果真有一天你穿到了那个时代，至少要知道你所在的地方的地名啊，你说对不对？

　　如果在网上搜索一下，我们就会发现，如今网络上所给出的国际化大都市的定义是那些具有超群的政治、经济、科技实力，并且和全世界或大多数国家发生经济、政治、科技和文化交流关系，有着全球性影响的国际第一流都市。国际化大都市这个概念的关键点是"影响力"问题，这种"影响力"是建立在一定经济实力基础上的，这种影响力既是一个动态的变化过程，也是一个比较的概念。放眼当今世界，能够称得上国际大都市的，被世界公认的十大国际大都市分别为纽约、伦敦、东京、巴黎、香港、芝加哥、洛杉矶、新加坡、悉尼、首尔。

看到上面的数据，我们可能会觉得有点伤心，甚至觉得不可思议。"什么？我们心目中的'北上广深'竟然算不上国际化大都市？"我想大家的心中一定会有这样的疑问，但事实却是如此伤人，在九百六十万平方公里的土地上，竟然只有香港一个城市能够上榜，而我们引以为豪的"帝都"、"魔都"竟然都不在其列，确实有点让人无法接受呢。

那么，言归正传，我们也来看一看，在唐朝时期，世界性的国际化大都市都有哪些。

唐朝是一个时间跨度很大的朝代，从公元618年到公元907年，几百年的时间，世界局势不断变迁。虽然说那个时候，并没有什么"全球一体化"的概念，而且由于历史局限性，各个国家之间的联系往来也并不像现在这样便捷和频繁。但即使这样，也并不代表当时的所有国家都是与世隔绝的。唐朝的文化能够在当时远播海外，就是一个很明显的反证。从历史上来看，在唐朝存在的那几百年中，西方的国际大都市变化，君士坦丁堡、巴格达、大马士革等交替成为国际大都市，而东方则几乎一直是洛阳、长安、扬州、成都，几百年间都没有什么太大的变化，直到唐朝灭亡。

在当时其他地区格局一直发生变化的时候，唐朝仍然有四个都市可以稳坐当时国际大都市的四把交椅，可想而知，唐朝有多厉害了。在唐朝盛极一时，也就是我们常说的大唐盛世，大约在公元754年左右时，整个大唐帝国一共有1869座城市，这其中包括了321个郡和1538个县，不过除了我们熟知的那些城市外，其他一些比较偏远地区的城市也很难称得上是城市了，所以那些城市并没有记录在案，也许实际上的城市要比数据里的还多一些。但这么多地方，我们也不可能去一一了解，那么我们还是来说一说已经知道的这几个国际大都市吧。

一提到唐朝，我想你即使不知道其他的地方，洛阳和长安也一定是知道的。这两个城市可以说是当时唐朝时期最大的城市，也被人们称为"东都洛阳，西都长安"。

这里是首都｜长安城

在唐朝建立的初期，长安几乎就成为了当时最大的城市，不只是在中国本土，即使在世界范围内，也可以说是无可比拟的大都市。虽然当时还有其他国家的城市上榜，但不论是从土地面积还是人口数量上来看，它们都无法与当时的长安相抗衡。而且纵观古今，说到国际大都市，长安也是位于前列的，它完全就是一个傲视群雄的存在。用现在的话来说，长安就是当时的老大哥。

说这话你还真别不信，我们可以来看一看历史上有关长安的数据，让大家心服口服。根据史料来看，当时长安城的面积约为 84 平方公里，相当于今天陕西省会西安的 7 倍，明清都城北京的 1.4 倍，欧洲曾经为之骄傲的罗马城的 7 倍，当时也算得上国际大都市的君士坦丁堡的 7 倍，唐朝后期崛起的巴格达的 6.2 倍。怎么样，看到这些，你还不相信长安在历史上的地位吗？放到什么时候，长安也都是绝对的霸主啊。

据统计，当时长安的人口大约有 200 万人，是世界历史上第一个达到百万人口的大城市。这里不只有唐人，还聚集着来自世界各地、形形色色的人。由于大唐的世界地位和知名度都非常高，所以从世界各地赶来的人也十分多，这其中包括外国的商人、使者、留学生、僧侣等，数量就高达 3 万人。而且当时为了与唐朝修好，派使节出使唐朝的国家和地区多达 300 个。那个时候的长安，对于世界人民来说，就是一个蕴藏着巨大宝藏的地方，吸引着世界各地的人前来一探究竟。

大唐也正是在那个时候开始在世界范围内闻名。大唐的科技、文化、政治、经济、饮食、风俗也就从长安传向世界上的其他国家，几乎引导了当时的时尚潮流，有些影响甚至一直持续到今天。在公元 8 世纪的时候，日本还特意仿照长安的格局，在奈良建造了自己的都城，也就是平城京，由此可见长安对当时世界的影响是很大的，不愧是国际化都市。

看到了吗？这就是足可以让我们为之骄傲的大唐。如果你真的穿越过

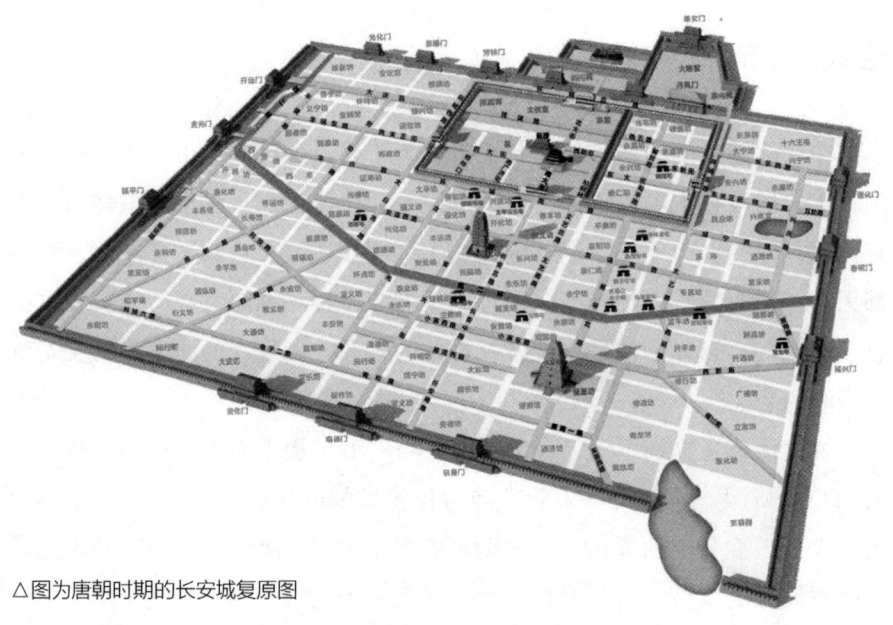

△图为唐朝时期的长安城复原图

去了,又正好穿到了长安,那么真的要对你说一声恭喜了,因为即使你身无分文,在这样的地方,你应该也能够活下去了。你所在的可是国际大都市,虽然环境嘈杂,但总比一不小心跑到个"鸟不拉屎"的地方强,至少生活还是可以勉强维持下去的。

不过,在你打算在这里生活之前,我先带你参观一下长安这个城市吧,否则初到此地,你一定会迷路的。迷路到其他地方还好说,如果你真没长眼睛,迷路到什么宰相府、皇宫一类的官家重地,估计你就再也没机会不小心迷路了,因为你的小命会不会保住都说不准了。

长安城大致可以分为三个部分,即宫城、皇城、外郭城。宫城是皇帝住的地方,和我们经常所说的皇宫差不多。皇帝日常吃饭、睡觉、休闲甚至办公几乎都是在宫城里完成的。后宫的管理是十分森严的,别说宫女、太监这些人,即使是皇后妃子也不是随便就能出城的,就连皇上想出去看看外面的世界,都十分不易。宫城就跟围城是一个道理,在外面的人想进去,在里面的人想出来。没去过宫里的人可能会向往宫里的锦衣玉食，但也许真的生活在宫墙里的人，最大的愿望却是能够拥有自由。

咳，好像有些扯远了，我们再扯回来，继续我们的话题。皇城又被人称为子城，在宫城的南面，相当于现在的中南海，那里除了有着中央各部门的工作场所外，还有其他一些附属机构的办公地区。

外郭城，不用说了，就像是今天的北京城里可以让老百姓自由往来的地区。这个外郭城基本上是个方方正正的"豆腐块"形状的地方。整个大的"豆腐块"，被分割成许多小块的豆腐，这些小块就是当时长安城内最基础的行政单位，叫做"坊"，也就是我们今天的街道。但和今天的街道有一点不同的是，现在的街道沿街都可以看到的小店，这在唐朝，至少在中唐之前是不可能出现的。

我们在电视里经常可以看到，很多古代人的房子是商住两用的，前面开个门店，后面则是住人的地方。但这样的情况，在唐朝基本上是不存在的。因为唐朝对坊的管理十分严格，坊就是住宅区，而只有市才能做商业区，并且不是谁都能随便把冲着街的那一面用来开门做生意的，至少得是三品以上的官员才拥有这种权利。

所以，要是你在唐朝有个房子，千万千万别想着拿它来做点小买卖，要知道这可是万万不行的。切记，切记。

不过，长安有一点好处，就是环保和绿化做得十分到位。自从公元582年，隋朝在长安建都开始，皇帝就下命令，在城市的两旁修筑排水渠，这样在下雨的时候，百姓就能避免被雨水困扰。

于是，排水渠被开凿出来了。这个排水渠只负责排放雨水，不能用来排污。看到这大家可能就想问了，那污水和人体排出的粪便要如何解决呢？

在当时，这些东西是有专人负责解决的。因为即使是粪便，在那个时候也算得上是一种商品，农民种田地全都是靠它的，正是"庄稼一枝花，全靠肥当家"，那个时候可没有化肥，所以只能用粪便来给田地供给养分。也正因为这个，才说人家那个时候的农作物都是纯天然的，没有一点化肥添加。你别看收粪便这份工作又脏又累，还不起眼，但在长安，还真有一家几代人都靠夜里去清理这些粪便来维持生活，而且据说收入也相

△图为一段保存完好的唐末排水渠。图片所拍摄的地点为正科甲巷成都市第一人民医院旧址

当可观。靠清理和运送粪便,可以累积大量财富,他们住大房子,吃好的、穿好的,家里面摆的都是名贵的家具,而且还有专门伺候他们的仆人。不只这样,他们还在外面圈地做农场,养很多的鸡鸭鹅,猪牛羊。这么看来,这是个相当让人羡慕的工作啊,比我们现在的白领日子过得都好。

城市绿化,环保先行 | 城市规划和绿化

话说这排水渠建好了,好像还少点什么,对了,就是绿化。一个城市要是没有绿化那怎么得了?于是,皇帝又命令人在排水渠的两边种上树。皇帝一下令,那还有谁敢反抗呢?于是全城的人全部都忙疯了,短短数日,到处都种满了各种树木。榆树、槐树和松树、柳树、杨树和柏树,虽然花费了一番时间,但整个长安城的环境更加优美了,住在长安的老百姓也都很高兴。

有一些树还能结水果，等到水果成熟，人们一伸手就可以摘下来吃了。

虽然环境变好确实让人开心，但这之后的日常维护却让皇帝费尽了心思。因为这些树还需要人的护理，长安毕竟处于西北地区，这里风沙很大，一旦刮起沙尘暴，树木就会被吹倒，届时不得不补栽。另外风雪等一些不可抗力对树木也有一定的损害。因此在这方面，朝廷也花了不少的银子。

夜生活？那是不可以的 | 宵禁

环境好，当然谁都愿意在这里生活，但如果你是个喜欢过夜生活的"夜猫子"，那么唐朝生活中的某一点可能就不适合你了。你想啊，古代没有电视电脑，整天除了待着，宅在家里，就是到街头闲逛，不然也没有什么可以做的。所以唐朝人的生活都很规律，可以说是"日出而作，日落而息"，像我们这样到下半夜还不睡的，在人家看来都不是什么干好事儿的人。

因此，你如果穿越到那儿了，又恰好属于这一类人，那你真的就要当心了，晚上千万不要在外面流连，因为一到规定的时间，全城都是要实行宵禁的。在那儿你一定要注意鼓声。早上的时候，会响3000声鼓，告诉你，早上到了，想要出城的可以过来了。而晚上，当太阳落山的时候，鼓声也会响起，响到400下，就是告诉人们宫门要关闭了，持续到600声的时候，就是告诉人们，城门也要关闭了，有还没回家的，得赶紧回家，过了时间你想回可就回不去了。一旦开始宵禁，除非你有特定的令牌，否则想要夜间出城是万万不可能的了。即使你睡不着觉，也就只能在城里晃一晃了。当然，那些管这事儿的人也不是那么不通情理的。你要真是有个急事，比如说谁生病了，必须得找人看病，或者需要出了坊间去通知谁家有死亡的人，得到官府许可后，也是可以出去的。但总之不管怎么说，晚上的城门不是你想出，想出就能出的。

但咱说句实话，你就真想出去逛，也得有地方可去不是吗？在古代，这么晚的时间，除了烟花柳巷，什么地方还能夜夜笙歌呢？真不如就倒在家里睡大头觉来得安全。

不过，唐朝的治安其实还是不错的。因为在唐朝长安城的街道上，有专门负责的管理者，叫"执金吾"（吾，同"御"音）。这是当时的一种官职。

执金吾诞生于秦汉时期，主要就是指当时统领禁兵保卫京城和宫城的官员。在唐朝时，这些人在街道上日夜巡逻，每个十字路口都有士兵负责站岗。小一点的十字路口安排5个士兵，大的就放上30个人左右。而各个出城的要道、城门也都会安排兵士把守，最重要的地方还会安插100人。但这些巡逻的士兵只是人不是神，并不是所有事情都能够解决的，一旦遇到他们无法解决的突发事件，或者因为他们的疏忽造成失误，他们也是要负连带责任的，有的时候不只被革官查办，还可能会掉了脑袋。所以说，这活也不是那么好干的，是担着一定的风险的。

在公元838年，城里就发生了这么一件事。

当时的宰相李石因为有事要去宫中见皇上，不想途中被一伙强盗给伏击了。虽然宰相没有丧命，只是受了点轻伤，另外自己骑的马被人砍去了尾巴，但这事儿也够大了。戒备得这么森严的京城，竟然还有人公然当街行凶，你让皇上的颜面何在？于是皇上生气了，命令所有的执金吾全部下岗，改派出了专门的军队来负责街道的治安管理。这样，过了一段时间后，城市才渐渐地恢复了平静。

在公元800多年的时候，还有一件小事。一个喝醉了酒的太监，不知道撞了什么邪，非要在晚上出城。老话不是常说"人作有祸"嘛，这位太监就验证了这句话。你说你放着好好的日子不过，往外跑什么玩意儿？这不，被人发现之后报给了皇帝。皇帝一听就生气了："怎么，拿我的法律不当回事儿是吗？这不是不给我面子吗？不让你们晚上往外跑，你们还非得跑。这明显是跟我对着干啊。来人啊，杖毙。"这个太监就这样被打死了。他这一死不要紧，算是解脱了，还连累了放他出门的执金吾，人家可是好心办坏事，不但没有得到好，反倒坑了自己，最终被革职查办，驱逐出长安城，永世不得录用。

（二）东洛阳，西长安之二

逛街、血拼的好去处 | 市集

你穿越到唐朝，又身处在长安的"坊"中，整天憋在家里肯定会十分郁闷，晚上不让你出去闲逛，你已经忍了，但白天还不让你出去，那实在太不通情达理了。这让你怎么忍受呢？

请你稍安勿躁，冷静下来。虽然这里不像现代那么繁华，但如果你想逛街，还是有很多地方可以去的。不要忘了，咱们长安城可是当时世界上的第一大都市，如果小看了它，那你可是要吃苦头的。

在唐朝，这种类似于今天的市场的地方就是"市"了。名字虽然有点像菜市场，但其实更像一个步行街，因为很多东西都是聚集在这里买卖的。当时单是长安就有东、西两个市。你可以在这里吃饭、逛街、买东西，换句话说，这里有些类似现代的购物中心，是一个集休闲、购物、娱乐于一体的大型摩尔。

其实这种地方也很不错，和其他地方相比，胜在地方足够大，它们可以说是当时整个唐朝最大的市集。

那么它们究竟大到了什么程度呢？这么说吧，这两个市集加起来的面积比当时最大的城区还要大，这回你应该能够想象这里究竟有多么繁荣了吧？在这两个市集里都各有南北走向和东西走向的两条步行街，步行街的宽度大约有100步，可以说是开阔异常。像你这样过惯了拥挤生活的都市之人，来到这里之后，一定会爱上这种能够在宽广的大道上走路的感觉。

这里不光开阔，规划上也整齐划一。如果你以为古代的那些市集非常混乱，什么都有得卖，那你又想错了。人家也是分不同区域来进行买卖的，情况和今天的超市一样，卖干调的在哪个区域，卖生鲜的在哪个区域，卖食品的在哪个区域,这都是有着很严格的规定的。不是说你今天觉得这个地方好了,挑个担去占个位就开始叫卖,明天看别人那边卖的比你好,马上也跑到那边去卖。人家的管理丝毫不比我们今天的工商所差,没准相比之下你还会觉得人家的管理更加完善和严格呢。

  根据当时的法律,如果想要开店铺,就一定要制作招牌,这样才能在商店的门口竖立起招牌,告诉人家你卖的是什么东西。当然这里的商店特指那种做零售的店铺。如果你想做仓储和批发,好,咱也有规定的位置,那里就是集市的城墙外面。那地方大,即使东西堆得很多,也一样能够堆放得下。那个时候,人们不管这些卖东西的店叫商店,而通称为商号。随着时间的流逝,因为很多原因,一些商号的名称我们已经无从考究,只有一些卖的东西和现在差不多的店家,他们的商号随着历史的记载流传了下来。

▽图中所示为复原之后的唐朝西市街景

这其中就包括下面这些：

肉铺，这个不用说，是最常见的商号了，和我们现在是一样的，日常肉类的供应基本就靠这里了。

药铺，当然就是药店了。但和今天的药店不同的是，那时候卖的全都是中药，而且药铺里还有大夫坐诊，这和我们今天的门诊有些类似，医生看诊之后，可以直接在这里抓药。

馒头店，那当然是卖馒头的。但我们在有关食物的介绍中已经说过了，那时候的馒头和我们今天有着很大的不同，所谓的馒头，其实是现在的包子，所以馒头店也可以说是包子店，或者综合起来说就是面食店。

还有鱼铺，就是卖海鲜的地方。那时候的海鲜品种可能不像今天这么丰富，但胜在没有污染，新鲜可口。

果菜店，也就是今天的水果超市。算起来应该是大型蔬菜水果超市，因为里面不只会卖水果，还会出售蔬菜。

成衣店，这里应该是最能吸引美女们的地方了。它有点像我们今天的服装店。不过情况又和现在的服装店不同。因为那时候的人大多都是自己挑选好款式之后，带着布料过来，或者干脆直接在这里购买面料，然后量体裁衣，最后做成美丽、漂亮的衣服。当然，有一些大户人家，还会把店铺里的掌柜或者店员叫到自己的家里，让他们带着上好的布料和样式，然后由富人们从中挑选出自己最中意的。

上面提到的这些商号卖的都是我们常见的东西，也是生活必需品。而由于生活习惯和模式的不同，也有很多我们现在已经不会再见到的商号。比如铁匠铺。在古代，铁匠铺是一个十分重要，而且必须存在的商号。因为那个时候，大家用的都是冷兵器，不管是下地种田用的工具，还是切菜切肉的菜刀，都是出自于铁匠们的手。那时候可没有机器，也没法做到经过工厂的流水线之后，一批批的铁制工具就被制造出来了。所有的铁器可都是靠铁匠一锤子一锤子那么砸出来的。

我们现在最不常见的恐怕就是马具店了。说到马具店，其实可能更像是"大车店"那种，不光卖马具，和一些可以负重的牲口，还会提供住宿。

在这里住宿的一般都是农民和商人等需要赶大车的人，这里的价格也会比普通的酒店便宜一些。

不只这样，那时候因为有市场需要，商号的品种也是五花八门，甚至连租毛驴的店都有。但这个也是可以理解的。当时的交通不那么便利，交通工具除了马也就是驴了。而且对于一些单独出行，想"自驾游"的人来说，驴子更加轻便、快捷。那种店说起来应该就像我们现在的租车店。

客官，小店可以帮您保管钱财｜早期的银行

商人在当时都能够挣不少的钱。这时你可能就会说了，他们挣这么多钱，都放在哪儿啊？就偷摸儿地找地方埋起来吗？还是真的像一些电视或者小说里那样，有专门藏钱的机关、暗格一类的地方？这个还真就不用你操心，对于唐朝人来说，这点小事也能叫个事儿？那时候的人多聪明啊，早就有人想到为别人提供保管钱财的服务了。

随着经济的发展和贸易往来的增多，一个新兴的行业应运而生了。在唐朝的晚期，长安的西市就开了一家店铺，为顾客提供存款服务。只要支付一定的费用，就可以把手头上的金子、银子和铜币放在那里保存。而他们也会给你提供个回执单，证明你确实把钱都存在他们那里了。这个回执单和今天的还不太一样，它不单纯只是一张回执单，也可以把它看成是存折，你可以拿这个单据去支取钱财。总之，这种店就是中国早期的银行。由此可见，唐人的生活还是很便捷的，已经大致有了我们今天的雏形。

吃的、穿的、用的，连存钱的地方都有了，生活上应该是不用担心了。但你一个现代人穿越到了这里，肯定还是会感到枯燥，因为少了一些娱乐项目啊。要是你已经过惯了娱乐生活，怎么在这里生活下去呢？难道真的要变成一个纯纯正正的宅人？

关于这些你当然不用担心，在集市上是有很多家酒馆的。虽然说这里的酒馆其实就是饭店，也不像酒吧那样，可以 Happy Hour，但是和三五个好友小聚在此，叫上几个小菜，小酌一番，谈谈文学或者时事，也是别有一番风味。还记得我们以前说过的胡姬吗？在长安城边上，就有一些中亚人开的酒馆，里面有很多长得漂亮，又具有异域风情的美女们在那里唱歌、跳舞，给大家助兴，这样的地方不也很像我们今天的酒吧吗？如果你想体会一下大唐的酒吧是什么样子，大可去这些中亚人开的酒馆，开开心心地买醉一番。

什么，这种服务都有？ | 殡葬业

不要以为在集市上只有这些服务，可以说唐朝人所开的店铺，只有你想不到，没有他们卖不了的。比如你在大街上走着走着，可能就会碰到出殡的队伍。到哪儿都会有死人啊，死人也是需要服务的。这个时候就需要殡仪殡葬服务了。在集市上有专门的殡仪馆，而且提供的服务可以说是十分齐全的。除了可以租用灵车，出售丧葬用品之外，还提供专门的哭丧团队。怎么样，这服务够齐全了吧？我们现在的那种哭丧服务，在当时就已经有人在做了，而且人家更专业。他们不只可以提供上述服务，还会为顾客介绍道士、和尚提供专业的下葬和驱鬼服务。

当然，做这行的多了，自然也就有了竞争。话说"同行才是赤裸裸的仇恨"。为了增加自己的业务量，那些殡葬服务店之间还会举办比赛，比赛的内容就是看谁的挽歌唱得最好，哭得最真实。这种形式还挺像日本常常在过年时举办的"红白歌会"，也很像现在最流行的选秀 PK，想想就觉得很有意思，是不是还有点小激动了呢？

关于这个，还有一个小故事。有一次，长安城的大街上有几家殡葬店因为争业务而打了起来。然后出面过来调停的人就想了一个办法，说还是现场 PK 一下吧，看谁能把在场的观众给感动哭了，谁就是最强的殡葬服务公司了。总之呢，就是把选择权留给顾客。这场比赛办得那叫一个热热闹闹，规模也算是空前了。据说赢得"最感人的挽歌"奖的人还能得到价值五千枚铜币的食物和饮料。因为来参赛的人可以说是络绎不绝，还吸引了很多的人来围观，当时的场面那叫一个人山人海。

在上午的时候，并没有开始表演，只是进行小小的预热。在比赛的现场摆满了殡葬用品，供大家选购。可能有人觉得，人还没死呢，谁买这么多这玩意放在家里，多晦气啊？但在古代，有些人家是有关于这方面的讲究的。家里如果有老人，买些日后老人去世要用的东西，对老人是有好处的，据说这么做可以增寿。当然这也只是一种迷信的说法。

到了当天的中午，参加比赛的各个殡仪服务中心的人就开始才艺展示了。你别说，还真有人把现场观众唱得眼泪哗哗流，用最流行的说法就是，站在现场，"泪流满面"。

看看，即使是古代，也有各种各样热闹的事情发生呢。

这里真的有点三俗了｜妓院

除了酒馆，唐朝还是有一些其他的娱乐场所的，但是这个场所说起来就有些三俗了，它就是我们在古代小说或者电视剧中常见的妓院。

在今天这种地方是不合法的，但是在古代，如果要讲到当时的娱乐场所，妓院这个地方是没有办法回避的。因为直到民国时期，这种场所也是依然存在的，可以说妓院贯穿了整个中国的历史。

说到妓院，最早能够追溯到东周时期。说到办妓院的这个人的名字，恐怕你还不会觉得陌生，他就是那个治理齐国，推出了改革政策的大名鼎鼎的管仲。那个时候妓院叫做"女闾"，最初都是官家承办，目的是增加官府的收入，可以说是中国最早的"国营企业"。这么听起来，是不是还觉得挺震惊的？想不到齐国当时能够有那么强盛的国力，其中还有一部分钱是靠"吃软饭"得来的。要不怎么说历史的真相往往可以让人惊掉下巴呢。

不管在哪朝哪代，干这一行的女人都是不招人待见的，也有人管妓院叫"火坑"，这是因为女人一旦进了这行，除非能够"好从良"或者"真从良"，否则这一辈子的幸福也就算搭进去了。因此，一般好人家是不会把自己的女儿送去做这事儿的。

但是，尽管如此，妓院仍是当时最大的娱乐场。没有光顾过妓院的男人可以说是少之又少。咱不说别的，就连那些文学圈里的文人雅士们，也大都留连于此。你还真别不相信，这些在史料上都是有着明确记载的。

在王仁裕的《开元天宝遗事·风流薮泽》中就有记载，说："长安有平康坊，妓女所居之地，京都侠少萃集于此，兼每年新进士以红笺名纸游谒其中，时人谓此坊为风流薮泽。"而《唐摭言》第三卷里也说有个叫郑合敬的状元，金榜题名后想到的第一件事就是跑到妓院去嫖妓，书中记载："郑合敬先辈及第后，宿平康里。"

看到这儿，也许你会觉得有些不可思议。不能啊，在文学圈里混的，或者说能在当时考上状元的，那可都是国家栋梁之才啊，都是精神上、生活上、思想上奋发向上的大好青年，都有着正确的人生观、世界观和价值观，怎么能跑到那种下流龌龊的地方去呢？

这你可能就有所不知了。古代的妓女也是分很多种的，在一些大妓院里也有很多卖艺不卖身的艺伎或者歌伎，除此之外还有一些原本是大家小姐，但因为家道中落或者是家人犯法，而被连累卖为官妓的，这些女子之前都受过很好的教育，有着很高的素养。而一些从小被卖到妓院的女孩子，因为相貌不错，而被妓院管事的相中了，也会从小开始接受一些琴棋书画方面的培养，这样做也是为了将来她们长大之后可以卖到更好的价钱，也让自己的妓院在众多的妓院中有更强的竞争力。

因此，那时候妓院里的女子们有很多都有着很高的艺术和文学水平。比如我们在文学作品中熟知的李师师、苏小小、陈圆圆、柳如是这些名妓，都是能歌善舞，诗词歌赋样样精通的女子，她们中有一些还有作品流传下来。

这种女子所在的妓院也就成了那些文人雅士的社交场。在美女身边，喝着美酒，聊着天，那自是更加诗兴大发了。这样的妓女几乎可以说是客人心灵上的伴侣。有些时候，很多文人去那个地方，一是为了能够激发自己的灵感，二是为了找到和自己心灵上相契合的红颜知己，而不单纯只是

△图为颜希源的《百美新咏图传——张红红》。张红红，唐大历年间歌伎，善音律，能以红豆记他人初唱之曲。初被将军韦青收为姬，后入唐敬宗宫，为记曲娘子。韦青死后，悲痛而亡，被追封为昭仪

为了解决生理上的问题。

不过就算多么美化这些妓女，她们所提供的服务也仍然不能被世人接受，因此不可过分宣扬这些。如果有人有幸穿越过去，也并不建议去这些场所风流快活，毕竟在任何一个年代，这都是有伤风化的事情，也并不像文学作品中写的那么光彩灿烂，浪漫传奇。而且我想就算你真的穿越过去了，也不过还是一个普通人，那就踏踏实实地过着普通人的生活，没事儿出去溜个弯，喝个酒，吃个饭也挺好。

（三）东洛阳，西长安之三

在长安，你可别瞎逛｜官府

我们之前一直在强调，到了长安之后千万不能乱跑，因为你不知道哪里就是人家官府的所在地，万一不小心闯进去，屁股上挨几个大板子是免不了的。如果你要是再来个反抗，那罪名就又大了，人家还会判你一个咆哮公堂的罪名。

所以，我们要认识一下，那个时候的官府都长什么样子。话说这样也可以为"走后门"做准备，至少到了那里不会抓瞎，想办事送礼的话也知道该往什么地方去，大家说是不是啊？

其实唐朝时候的政府机关也挺好辨认的，和现在的一些军事要地没有什么太大区别，那些地方都有四面高高的围墙，外面有卫兵站岗。这么一形容，怎么感觉像监狱一样呢，是不是听起来就觉得挺阴森可怕的？

但和现在有所不同的是，他们的政府机关是一体化的，几乎什么事情都是由他们的衙门负责。唐代的政府机关有公堂审案，还有县令和他的家人一起住的地方，只不过，他们基本上都住在衙门的后院。

从电视剧中我们也能知道，那个时候的监狱和衙门基本都是设在一起的，一天到晚都会有守卫严密看守。另外官府内还设有学堂，学堂里设有专门祭拜孔子的地方，教书先生就是在这里给大家上课。

除了本地的县官之外，官府里还会有刺史所住的地方。刺史是什么呢？唐朝时候的刺史就像现在的市长，负责整个地区的行政事宜。

而在长安城中，最多的公共建筑，除了一个市长和两个县令所在的县衙官府外，就是驻京办事处。每一年，各地的市长也就是刺史们都要回京述职。在以前，这些回来述职的官员们是没有特定的住所的，他们要和普通人挤在同样的客栈里，所以每年的这个时候，客栈都会人满为患。再后来，皇上了解了这个情况之后，心下一想，长久下去，京城定然会出乱子，于是特意规划出一个地方，供那些回京述职的人解决住宿问题。

只不过在安史之乱之后，整个朝廷也都乱了套，对地方官管得就没有之前那么严了。这些各地的刺史也不用再每年来长安述职，一般来说，他们会每隔几年来一次，于是慢慢地，这些办事处就成了联络处。

总的来说，长安城里除了宫城和皇城之外，最需要大家注意的地方就是官府，如果你不小心穿越到唐朝，一定要当心这几个主要的地方，不要一不小心走错了地方，否则后果可是很严重的。

阿弥陀佛，贫僧法号三藏｜寺院

我们知道，古代人都是很迷信的，所以宗教在古代发展得十分兴盛，在唐朝时期尤为如此。因为他们的政治环境比较宽容，所以几种宗教在当时是可以并立的。虽然如此说，但李唐家族最崇信的还是道教，因为他们姓李，所以他们总说自己是道教创始人老子，也就是李耳的后代。这是很正常的，历朝历代的统治者都会给自己的统治找个借口，好让老百姓知道自己这个皇帝是顺应天命的，这样做也是为了能够让百姓对自己心服口服。

而佛教，在唐朝时期也很盛行。我们最喜欢的电视剧《西游记》里，唐僧西天取经的故事就发生在唐朝。在故事中，李世民亲自送三藏西行，还将他认为御弟。虽然《西游记》是个神话故事，但唐僧西游的事迹却是真实的。

历史上的唐僧法名玄奘，世人常称他为三藏法师。历史上的三藏法师其实在决定去取经的时候，是没有得到唐太宗李世民的允许的，更不存在像电视剧中那种欢送的盛况了。换句话说，当年的三藏法师是非法出境，私自到国外去取经。但是取经回来后，李世民非但没有责难他，还亲自接见他，并劝他能还俗走上仕途为国家效力，当然，这样的要求自是被三藏法师拒绝了。

除了三藏法师之外，在唐朝还有个和尚也被我们所熟知。那个和尚就是鉴真。唐朝时期佛教盛行，而在佛教的研究上，唐朝也算得上是在东亚地区首屈一指的。因此，很多外国的和尚都来中国学习佛法。而当时的鉴真和尚，更是被日本佛教界和日本政府延请到日本去传戒。鉴真和尚曾六次东渡，最后终于成功达到日本。他不仅将唐朝的佛法传给日本，还将很多文化方面的成就也带到了那里。因此他也被日本人民誉为"文化之父"、"律宗之祖"。

从上面的这些内容中也能看出当时唐朝佛教的盛行程度。当时唐朝的都城有很多的寺庙和道观，皇室的成员们也都对佛道二教很是虔诚。

唐朝的皇帝常常会突然下令将其他建筑改造成佛寺。武则天就曾经把自己的更衣室捐献给佛寺。公元713年，甚至还有皇帝把自己的起居室捐给了寺院。而有的皇帝或者太子，因为和道教关系比较亲密，也会把自己的住所捐给道士们做道观。据传说，唐朝的历史上曾经有位公主，因为自己的丈夫去世，伤心欲绝，看破红尘，最终出家当了道姑。

日本佛教学者道端良秀说："据《唐会要》、《长安志》、《两京城坊考》等资料所见，长安城内百余所寺院，几乎都是由贵族显宦等统治者所造，并由他们所支持。地方的寺院也同样，多由当地的豪族统治阶层所经营。"

在当时的长安城，寺院占地广阔，建筑十分宏伟。几个有名的寺院占地面积相当广阔，如大兴善寺在靖善坊占了一坊之地，大荐福寺占开化坊南部一半，其塔院则在南面的安仁坊，开明坊主要为光明寺占有，大安国寺占长乐坊东部大半，大慈恩寺占晋昌坊东部的一半，大庄严寺占永阳坊东部的一半以及和平坊南北街以东的部分，大总持寺的规模与之大体相当。

那么这些寺院都是做什么用的呢？难道只是摆在那里来彰显统治者对佛教的热衷程度？当然不是了。我们也说，统治者为了加强自己的统治，会让百姓有自己的信仰，这样，才更加有利于自己的统治。而寺院正是起着这样的作用。

朝廷会利用京城的这些寺院举行各种各样盛大、华丽的法会。这种情况我们在电视剧里常常能见到。有的时候一遇到天灾，有些拍马屁的官员就会说："请皇上去祭天。"这个时候皇帝去的地方大都是大型的寺院或者道观。由此可见，这些寺院和道观有的是以祈福消灾（包括祈雨、治病等颇有"道术"意味的仪式）为目的，其他则多带有祝祷、庆贺、纪念性质，举办这些仪式时往往伴以欢快的游艺活动。而皇帝过生日，或者皇家祭祖，或者谁谁的父母亲去世了，都会把和尚、道士集合起来，举行纪念仪式，内容无非是讲佛法、道经、皇家举办这些活动时会在朝廷内行香、开斋会，规模往往很大。

在慧立等所著《三藏传》中，就记载了李世民迎接玄奘进入慈恩寺的情形："（贞观二十二年）十二月戊辰，又敕太常卿江夏王道宗将九部乐，万年令宋行质、长安令裴方彦各率县内音声，及诸寺幢帐，并使务极庄严。己巳旦，集安福街前，迎像送僧入大慈恩寺。至是陈列于通衢，其锦彩轩槛，鱼龙幢戏，凡一千五百余乘，帐盖三百余事……又于像前两边各丽大车，车上竖常竿悬幡，幡后布师子、神王等为前引仪。又庄严宝车五十乘坐诸大德；次京城僧众执持香花，呗赞随后；次文武百官各将侍卫部列陪从。太常九部乐挟两边，二县音声继其后，而幢幡钟鼓，訇磕缤纷，眩目浮空，震耀都邑，望之极目，不知其前后……"

钱易还记载过内道场的一次仪式："上元二年九月天平地成节，上于三殿置道场，以内人为佛、菩萨像，宝装饰之。北门武士为金刚神王，结彩被坚持锐，严侍于座隅焚香赞呗。大臣作礼，近侍围绕。设宴奏乐，极欢而罢各赐帛有差。"

每次进行这种仪式的时候,都是非常热闹的。因为不只会有和尚念经、讲道,一些寺院还会请乐队、舞蹈队,到寺院里进行表演。可以说是鼓乐喧天,钟鼓齐鸣,红旗招展,人山人海。那热闹程度,不亚于今天的中国人欢庆圣诞节。

其实,我们应该要羞愧的。因为随着社会的发展,曾经那些中国特有的庆典、节日已经消失了很多,即使是端午、中秋这种节日,如今也只是放几天假而已,节味几乎都没有了。反倒在过西洋人的节日时,很多人却花样百出。

就拿我们所说的这种祭典,在每年的七月十五,也就是常说的鬼节这时举行,那天百姓们会放焰火和莲花灯,来拜祭祖先,超度亡灵,送走灾祸和疾病。大家管这种活动叫盂兰盆会。这种盂兰盆会或者说是盂兰盆节在今天的日本仍然存在。而且年轻的小孩子也都很期盼这样的祭典。在那

▽图为《玄奘取经回长安图》,描绘唐贞观十九年(645年),玄奘取经抵长安时受到盛情迎接的场景

一天，各个城市、地区都会举行庆典活动，有夜市，还会放烟火。大人小孩都会穿上自己的民族服装，比如浴衣，然后去参加祭典。对于今天的日本人来说，过盂兰盆节已经成为他们生活中的一部分，虽然宗教的意味已经很淡薄，但那种欢乐喜庆的集会，却依然存在着。而反观我们，代表着汉民族文化的服装已经消失不见了，很多节日的风俗习惯，更是在逐渐消失中。

当然，除了上面所说的那些佛家事务之外，寺院也会参与到民间的俗事中，比如，他们还会在集市中建造澡堂。怎么样，没想到吧？其实由于唐朝统治者对佛教十分重视，导致当时的很多寺院都是很有钱的，他们也会进行一些商业性的投资。有一家寺院，就在唐朝另一个都城洛阳里开了一个澡堂。这澡堂不是给特权人物开的，而是什么人都可以来。无论是什么身份，都可以过来洗澡。不过这家澡堂并不是任何时间都开放，它一个月只会开放五天，如果错过了这个月的开放时间，那么也只能等下一个月的开放日再过来了。

当时的寺院还给广大的老百姓提供了公共的游乐场所，即专门的"戏场"。据记载："长安戏场多集于慈恩，小者在青龙，其次荐福、永寿、尼讲盛于保唐。"

寺院的繁盛，也带动了当时的经济贸易发展。一到寺院有活动的日子，小商小贩们就都到寺院的门前来摆摊。那时候没有城管，很多生意人都会挑着挑，担着担，甚至推着小车来门前从事买卖活动。可以说来这里的人包括了各行各业的人，他们在这里形成了一道亮丽的风景线。

总之，寺院在当时的唐朝占有非常重要的位置，但是到了今天，在长安城，也就是西安，保存下来的也只剩下大雁塔和小雁塔了。这未免会使人有些遗憾，身为现代人的我们，再也没有机会见到当年那个时代的佛教的昌盛。不过，我们也说过，日本的奈良城是依照长安所建的，而今天的奈良，也仍然保持着古时候的原貌，所以，想了解当时长安城情况的人，可以去奈良转一转，虽然多少会有不同，但笔者相信各位的想象力，当置身奈良的时候，大可以依靠着想象来脑补当年的大唐景象。

郊游也是一种风尚｜公园

除了寺院之外，唐朝还有一个大型的供人娱乐的场所，有些类似如今的公园。在说到这的时候，你可能还会想，咦，唐朝还有公园吗？它在什么地方？

事实上古代本来是不应该有公园的，现在我们看到的拙政园、狮子园等园林景观，在当时都属于私人园林，就和现在某某人家的后花园一样。虽然在其他朝代都没有公园，但咱们现在所说的这个时代是唐朝，那时候的经济、文化已经发展到一定的高度，因此就算出现公园也不意外。当时的朝廷为了丰富百姓的业余生活，创造和谐稳定的社会，让百姓们有地方可以旅行游玩，于是特意规划出很大一块地方建造成公园，而这地方就是曲江。

曲江可以说是中国古代园林及建筑艺术的集大成者，被誉为中国古典园林的先河之一。这个地方古已有之，在秦朝的时候，始皇帝就已经在这里修建了自己的私人花园，那个时候它的名字叫"宜春苑"。咳咳，这名怎么听怎么像风俗场所。而到了隋朝时期，大兴城就是倚曲江建造出来的。

但隋文帝的心中却一直觉得不舒服，在他看来，如此折腾对他们杨家的风水不好，还可能会影响到他们的千秋霸业。知道隋炀帝的想法之后，立马有人出来拍马屁说："不如咱们把这个曲江改一改，挖成深池，然后隔到城外面，当成皇家园林。这样做可以一箭双雕，一来呢，也可以破了不太好的风水，二来又多了一个游玩之地，你说这有多好？"但是，这人算不如天算，费这么半天的劲，隋朝也和当初建了"宜春苑"的秦朝一样，毁在一个败家子二世的身上。而隋文帝所做的一切最后都便宜了唐朝的老百姓。

唐玄宗时期，皇上突然心血来潮，要对曲江进行大规模的扩建。于是，在隋朝的皇家园林的基础上，曲江又修建了紫云楼、彩霞亭、临水亭、水殿、山楼、蓬莱山等，还建了从大明宫途经兴庆宫直达芙蓉园的夹城。这一次扩建，使得整个园林宫殿连绵、楼亭起伏。而这里除了一些禁地之外，其他地方允许平民聚集游览，也因此成为了一个对公众开放的园林区。一举措不仅仅在古代都城的发展史上空前绝后，即使放眼整个中国历史，这也是绝无仅有的。

曲江池的北部，包括乐游苑在内，都是对外开放的，老百姓可以随便来，不收任何门票。哪像现在，进个旅游点就要钱，进个旅游点里的门还是要钱，什么都和钱挂钩。那时候可不管你是什么人，只要想来玩都可以。每年科举放榜之后，朝廷还会在杏园里面大摆酒席，宴请中榜的进士们。一到这时候，曲江就会更加热闹，整个长安城更是全城沸腾。

曲江这个地方十分著名，很多文人雅士都会聚集在这里举行一些诗酒会，而且很多唐代诗人的作品里面也都曾提到过这个地方。比如杜甫和李商隐，都以《曲江》为题，写过诗。

虽然这里对普通百姓开放，但一定要记住，只能在规定的地方游玩，那些皇家的旅游胜地，可千万不能涉足，除非得到皇帝的允许，否则性命丢了都是眨眼间的事儿。比如芙蓉园，那里普通老百姓就不能进，所以就算真的去了曲江，也要长眼睛，别跑到不该去的地方惹事，当心掉脑袋。

第五章 住得舒服很重要

（一）房子不是你想买就能买的｜房产篇

买房在什么时候都是难事儿｜唐朝的"限购令"

如今随着房地产业的发展，房价也水涨船高，很多百姓都吵着"房价已经成为自己生命的不可承受之重"了。为此，相关部门还曾出台了一系列的限购令，来抑制房价。

其实啊，这个"限购令"并不是现在才有的。在咱们的大唐朝，那房子也不是说谁想买就能买的。就算你真穿越回唐朝，想给自己弄个安身立命之所，也并不是那么容易的。如果你想当开发商，大捞一笔，那么，你是打错了你的如意算盘喽。

唐朝的房屋限购令是根据官阶制定的。封建时代的等级制度森严，这点我们是知道的，而这一点也多多少少地体现在住房问题上。当官者住的地方和平头老百姓住的地方，可谓有着天壤之别。但这事儿你还埋怨不得，因为不同阶级的人住不同房子这件事儿，并不是当官的人自己要求的，而是由政府明文规定的。法律规定了当官的住的公馆与老百姓住的草屋，分别是什么样的大小，什么样的格局。这些内容明明白白，白纸黑字列在纸上，不容任何人反驳。在《唐六典·左校署》中，就有相关的记载："凡宫室之制，自天子至于士庶，各有等差。"

唐朝颁布的"营缮令"规定："王公以下，舍屋不得施重栱藻井。三品以上堂舍，不得过五间九架，厅厦两头，门屋不得过五间五架。五品以上堂舍，不得过五间七架，厅厦两头，门屋不得过三间两架，仍通作乌头大门。勋官各依本品。六品七品以下堂舍，不得过三间五架，门屋不得过

△图为唐代三彩院落模型,由此可对唐朝时的房屋建制有所参考

一间两架。非常参官,不得造轴心舍,及施悬鱼对凤瓦兽通袱乳梁装饰。其祖父舍宅,门荫子孙,虽荫尽,听依仍旧居住。其士庶公私第宅,皆不得造楼阁,临视人家。近者或有不守敕文,因循制造。自今以后,伏请禁断。又庶人所造堂舍,不得过三间四架,门屋一间两架,仍不得辄施装饰。又准律。诸营造舍宅,于令有违者,杖一百。虽会赦令,皆令改正。其物可卖者听卖,若经赦百日不改去,及不卖者,论如律。"

这段话是什么意思呢?翻译过来就是说,如果不是王爷贵族这一级别的,你就别住那种建得像宫殿似的房子。三品以上的官员,不能超过五间九架,如果以此类推,那到了老百姓这儿,你不只不能超过什么几间几架,还不能有装饰,比如说雕个梁啊,画个柱啊,这可不行,一个普通老百姓,就得安分当个普通人,想要弄什么艺术造型那是不可以的。

所以说,老百姓也不好混呢。现在的你可能只是买不起房,而在那个时候,即使你能买得起房子,也只能买一间寒舍,一个普通百姓,想住一间大房子,那是完全不可能的。对于那时的统治者来说,这种限购令,没有任何的约束力，毕竟整个天下都是人家的，那人家还不想在哪儿建房子就在哪儿建房子，想建多少就建多少。

房叔？房婶？你们弱爆了！ | 富人、官人和"限购令"

说到这儿，就不得不说说唐朝公主在建房子方面的那些事儿了。话说唐朝的公主们，好像都不是省油的灯。太平公主、平阳公主、高阳公主，都是个儿顶个的刺儿头，单就这些唐朝的公主，都能写一本书了。不过这里咱们先按下不表，只说她们喜欢互相攀比的风气，这就让人受不了了。不光衣着上要求华丽，对于住的地方，这些公主也是诸多挑剔，互相比着看谁住的宫殿更加漂亮、华丽。特别是到了唐玄宗时期，不只公主，就连妃嫔们都跟着刮起了一股奢华之风。

说到这儿，可能还涉及一个强拆的故事。我们都知道杨贵妃有个姐姐，长得十分漂亮，甚至敢不施粉黛就跑去见皇上，也深得皇上的欢心，甚至获封为虢国夫人。后来，这位夫人看上了一家姓韦的住的房子，仗着皇上对自己的宠爱，硬是将其占为己有。某一天，那位虢国夫人带着大小奴仆，几十人浩浩荡荡来到人家韦家的门口，看见韦家的公子正在门口站着，于是就问人家："我听说你们家的房子要卖？我看了看，这房子还算不错，我就勉强买下来吧，你开个价吧，这房子究竟要卖多少钱？"

事实上，人家根本没有要卖房子，这都是虢国夫人为了强夺人家田地，顺嘴胡说的。这位公子从来都没有听说过自家要卖房子，于是当时就傻了眼，缓了好久才说："我们不卖房子。这房子是祖上留下来的，我们是不可能卖的。您还是回去吧。"这番话在强权者眼里根本算不得什么。他们哪管你是不是祖上留下的房子，人家说要，你就得给。于是这边话音未落，那边就有几百人冲进宅子，开始拆了起来。

众人七手八脚，拆完东边拆西边，拆完屋瓦拆房梁，反正是能拆的都拆了，只一会儿时间，整栋房子就剩下点文物古玩了。不过这位夫人好歹还算有点良心，还给韦家人留下了几十亩的田地。

笔者想大家一定还记得曾经风靡一时的《大明宫词》，电视剧里武则天有一个很宠爱的"面首"，也就是我们俗称的"小白脸"，名叫张易之。按理说这张易之除了吃软饭之外，本来什么都不是，但他的家却盖得富丽堂皇，堪比皇宫。有记载说，张易之家的中堂"红粉泥壁，文柏帖柱，琉璃、沉香为饰，用钱数百万"。

还有一个在历史上颇有争议的官员，名叫许敬宗。这个人就因为在武则天封后之前站对了队，选择支持武则天为后，因此在武后时期，过上了大富大贵的生活。据《太平广记》记载，这个人曾经建造飞楼七十间，令"妓女走马于其上，以为戏乐"。飞楼也就是那个时候的高楼，咱们前面说过，三品以上堂舍，不得过五间九架，可你看看人家，一上来就是大手笔，直接弄了七十间，你说这要到哪儿说理去。

唐朝还有个名将叫郭子仪，这个人戎马一生，屡建奇功。大唐因他而获得安宁达二十多年，史称其"权倾天下而朝不忌，功盖一代而主不疑"，举国上下没有不尊敬他的人，而他的一生，也一直享有崇高的威望和声誉。据史料记载，他住的房子占了他所在的坊地的四分之一。正是"室宇奢广，当时为冠"。但想想人家的那些功绩，就算真是这样，恐怕一般人也不好诟病他。

这些官员的住宅是越建越豪华，越建越奢靡。皇上一看，也觉得长期这么下去不行了，得再想点什么办法来遏制一下这种互相攀比的风气。于是到了唐文宗时期，皇上就下了一道诏令，限制逾制营造豪宅，否则将"委御史台弹纠，必严加黜责"。这道诏令出自《册府元龟·帝王部·发号令》。

但我们不能小瞧了中国人的智慧，有一句话叫作上有政策，下有对策。不是说不让修豪宅吗？你说的是不让在城里修吧？那好，咱不在城里头盖好房子还不成吗？在城里我就住个普普通通、不违制不越令的房子。有那闲钱，我上郊区盖别墅去。于是，乡间别墅又成为了当时官员们的"新宠"。

唐朝中后期，有个两度为相的人叫李德裕。按常理来说这个人应该算

△图为郭子仪,唐代政治家、军事家。早年以武举高第入仕从军,平息安史之乱的主要功臣之一。累官至中书令,封汾阳郡王,尊为尚父。年八十五卒,追赠太师,谥忠武

是一个好官。近代的梁启超曾经把他和管仲、商鞅、诸葛亮、王安石、张居正并称为中国古代的六大政治家。他在任时期，做到了巩固中央集权，使晚唐内忧外患的局面得到了缓解，可以说此人是一个大忠之人。但即使是这样的人，也难免会有私心。在《太平广记》中记载，李德裕的住宅"舍宇不甚宏侈，而制度奇巧，其间怪石古松，俨若图画。"不只如此，这位大人还在乡村盖了别墅，《剧谈录》中写道："去洛城三十里，卉木台榭，若造仙府。有虚槛，前引泉水，萦回穿凿，像巴峡、洞庭、十二峰、九派，迄于海门。皆隐隐见云霞、龙凤、草树之形。"咱不用说别的，单看这些形容，就能知道这别墅区的规模是相当的壮观。

老百姓最不好混了｜百姓和"限购令"

与皇族官员住房的奢华情况相对应的就是普通老百姓的住房艰难了。虽然说法律规定了百姓住宅的面积和户型，但实际上到老百姓那里，就完全不是那么回事了。对老百姓来说，别说住宅面积达标，想要有一片瓦来遮头，都已经是一件非常不容易的事情了。

唐朝大诗人杜甫的那首著名的《茅屋为秋风所破歌》里形象地描述了老百姓住房问题的严峻性。

八月秋高风怒号，卷我屋上三重茅。茅飞渡江洒江郊，高者挂罥长林梢，下者飘转沉塘坳。 南村群童欺我老无力，忍能对面为盗贼，公然抱茅入竹去，唇焦口燥呼不得，归来倚杖自叹息。 俄顷风定云墨色，秋天漠漠向昏黑。布衾多年冷似铁，娇儿恶卧踏里裂。床头屋漏无干处，雨脚如麻未断绝。自经丧乱少睡眠，长夜沾湿何由彻！ 安得广厦千万间，大庇天下寒士俱欢颜，风雨不动安如山。呜呼！何时眼前突兀见此屋，吾庐独破受冻死亦足！

所以那时的老百姓并不好过。在唐朝，除非你是当官的，否则即使你再有钱，也只是一个普通百姓。前面我们提到过，唐玄宗在位时，曾制定了一系列的土地政策，其中就有一条这样规定："应给园宅地者，良口三口以下给一亩，每三口加一亩，贱口五口给一亩，每五口加一亩……诸买地者不得过本制。"看这一堆文言文，大家可能不明白这里所讲的良口、贱口都在说些什么。其实，想要理解也没有什么困难的。良口，就是良民，指你的家庭成分好，这样家里有三口人就能分到一亩宅基地。而家庭成分不好，就是贱口了，更简单点来说，贱口就是指那些地位下贱之人，他们每五口人才能分到一亩的宅基地。不过，如果你有钱，你还是可以购买宅基地的，但并不是说你想买多少就能买多少，关于数量政府也是有固定限额的。

政府规定的限额是多少呢？跟上面分宅基地的情况基本一致，平民家庭买地，每三口人，最多只能买一亩宅基地；如果是贱民家庭买地，每五口人，才能买一亩宅基地。

唐朝时期，并不是只要有钱，就可以办成任何事情。虽说"有钱能使鬼推磨"这是自古以来就流传下来的话，但在唐人这里，却有些行不通。不管怎么有钱，商人也还是普通老百姓，也还是得遵守国家制定的政策。就算家里再有钱，人口再多，想要买很多的地也是不可能的，因为唐朝的政策里还规定了，每家每户最多只能买二十亩地产。

你还别不服，想着我有钱，我就是爷，我就是不服这些，就想多买地。那么好，你这是和政府对着干啊。根据唐朝法律规定："诸占田过限者，一亩笞十。"好吧，你不是想多买吗？只要你屁股够硬，那你就买吧，超一亩，打十板子，超一亩打十板子，要想多买几亩还是先看看你屁股是铁做的还是钻石做的，能挺上几板子再说吧。

唐朝的房地产业比较萧条｜房屋买卖和"房产税"

根据前几章的内容不难看出，唐朝的房地产市场不像我们现在这样火爆，是有其自身的特殊规律的。当时的土地所有制形式和政府对土地买卖的限制都在极大程度上限制了房地产市场的发展。

　　唐朝时期的土地，基本都被有钱有势的地主和贵族垄断。所以，唐朝时的房地产也是这些人在掌控，那个时候的房地产业也主要集中在这些人的手上。那时候没有像现在一样的开发商，而是由一些贵族、地主，组成了所谓的业主群体，在一帮富人之间进行新房建造和二手房买卖的生意。

　　那么那个时候的房价换算成现在的价钱到底是多少呢？我们可以来看一个例子。

　　唐宣宗大中十年（856年），居民沈都和因为急等钱用，准备卖掉自己的房子。当然，即使是唐朝，买卖房屋也是得签合同的，所以按照惯例，他跟买方签了一份房屋转让合同，合同上是这么写的："慈惠乡百姓沈都和，断作舍物，每尺两硕贰斗五升，准地皮尺数。算着舍棂物贰拾玖硕伍斗陆升玖合五圭干湿谷米。其舍及（缺），当日交相分付讫。"

　　好，那么我们来看一下，这份合同说的到底是什么意思。从合同上看，其内容大致包括这个房屋的面积和价格。这套房子按面积来计价的话，每尺价值小麦两硕二斗五升。另外房子里所有家具陈设也随房子一块儿出让，也就是精装修的价格，加在一起是价值小麦二十九硕五斗六升有余。

　　计算下来，每0.09平方米就得140元，那么每1平方米的话，就是1500块钱左右。这个也就差不多是盛唐时期的房屋价格了。大家可能觉得这价格真是挺低的，要是搁到现在，房子还不得让人抢疯了？但你也要想一想当时人们的收入程度和物价水平啊。

　　如果你查阅当时的资料，你可能就会发现，那个时候的钱一点都不好挣。那个时候，无论是当兵的吃政府饭的还是给私人打杂的，普通老百姓的收入大概也就是每月两石小麦。换算成人民币，也就是300元左右的月薪。就像我们今天说的，一年算下来，不吃不喝，能买个几平方米。要真想买套大点的，能住人的，估计也得奋斗个几十年才行。所以，与我们现在的上班族对比，他们那时候也同样不好过啊。

　　之所以说唐人时尚，还因为一点，我们现在所说的房产税也是从唐

唐德宗像

△唐德宗李适，在位前期，坚持信用文武百官，严禁宦官干政，颇有一番中兴气象；但泾原兵变后，文官武将的相继失节与宦官集团的忠心护驾所形成的强烈反差使德宗放弃了以往的观念。在执政后期，德宗委任宦官为禁军统帅，在全国范围内增收间架、茶叶等杂税，导致民怨日深

朝时期开始征收的。唐德宗建中四年（783年），为了解决军费困难，朝廷想出了一些杂税名目，以充开支。而房产税，就是其中之一。但在当时，这种税并不叫房产税，而是叫"间架税"。想想也对，营缮令里都是以几间几架来计算房屋，那么那个时候的"房产税"叫"间架税"也就很正常了。

"间架税"是以房屋为征税对象，也就是以每屋两架为间，按屋的好坏分为三等，"上屋税钱二千，中税千，下屋五百。"官吏闯入民人家室计算其数。对于那些房产多的人来说，"出钱动数百缗"，如果敢有隐匿一间不报的，杖六十，赏给告发者钱五十缗。

不过，根据史料记载，这间架税推行得并不顺利。因为到后来税吏苛扰，民相告讦，不胜其扰，到783年10月，泾源兵在长安哗变，以"不税尔间架、除陌"煽动民众从变。唐德宗不得不被迫废除此税。

不管怎么说，我们不难看出，唐朝的老百姓想要住上一间普通的房子，可以说是万分艰难，即使有钱，房子也不是自己想买就能买，想住就能住的。

（二）装修也是门学问｜装修篇

我们那时候有园林，你们有吗？｜园林

不管在什么时代，装修都是一门学问。刚刚讲了住房问题，现在一定有很多人，都对唐朝房屋的装修产生了兴趣。好，那下面笔者就来给大家讲讲唐朝的装修。现在我们就来一场旅行，到唐人家里去做客。

这一次，我们来到了唐朝的一个有钱人家，而这家人也十分好客，听说你是来参观他的房子的，就十分高兴地同意了你的请求。好了，接下来，我们的参观之旅就正式开始了。

这是一个带有园林的大宅子，虽说这里的园林不像皇家园林那么漂亮，却也别有一番风味。唐朝时期的有钱人都喜欢在自己的宅子里弄些

石头、假山，来体现自己与众不同的品位。宋代的李格非在他的《洛阳名园记》后论中记载："方唐贞观、开元之间，公卿贵戚开馆列第于东都者，号千有余邸"。即使是一些文人，也难免会表现出自己对奇山异石的喜爱。据主人介绍，这里曾经是大诗人白居易的宅子。而且当初还颇得白居易的欢心。

据说白居易是当时文人里非常喜欢园林的一位，他认为，一个大气的宅院，至少要拿出一半的面积用来修建园林。而不管是什么样的园林，都必须得有一个湖，并且其中还必须种上很多竹子。白居易一生不但爱园、造园、赏园，更留下了大量的园林诗文，他的一生都与园林结下了不解之缘，也为我们今天了解唐代的园林提供了大量的材料。

他对园林的研究之深，仅从他的《草堂记》中就能看出一二。"匡庐奇秀，甲天下山。"刚开篇，我们的大诗人就对自己深爱的庐山进行了一番赞扬。而这句赞扬可一点都不简单，几乎在后代成为了对庐山众口一词的评判，而他也开了夸奖庐山的先河。"春有锦绣谷花，夏有石门涧云，秋有虎溪月，冬有炉峰雪。阴晴显晦，昏旦含吐，千变万状，不可殚记。"然后，白居易又用舒缓的笔触，描述出庐山草堂的四周美景和环境，言语中无不包含着对庐山的喜爱和自己超凡脱俗的审美情趣。"三间两柱，二室四牖，广袤丰杀，一称心力。洞北户，来阴风，防徂暑也。敞南甍，纳阳日，虞祁寒也。木斫而已，不加丹；墙圬而已，不加白。砌阶用石，幂窗用纸。竹帘纻帏，率称是焉。"后来有人说，白居易这篇游记，是对庐山草堂建筑的真实写照，此篇也成为人们研究中国古代园林的重要史料，而《草堂记》亦被视为中国园林学的奠基之作。

说着说着，竟然讲起白居易的《草堂记》来了。跑题了！刚才举那个例子只是为了说明白居易对于唐朝园林有着深刻的影响，没想到一下子竟然说多了，真是罪过啊。我们还是继续回到这个宅子中来吧。

公元829年，白居易白老爷子退休了，这下子可好了，能过上闲云野鹤般的生活了。于是他走走游游，就来到了洛阳。四处转了转，总算发现了一个可以盖别墅的好地方，就是如今这个宅子的所在地。在他老人家的心里，这里可以说是整个洛阳景色最好的地方，简直是天福宝地。于是，他买下了这块地，并且自己亲自担任设计师，建造了这个宅子的园林。

在白居易的《池上篇》中，我们能够看到这个园林的景致。他这样说：

> 十亩之宅，五亩之园。有水一池，有竹千竿。勿谓土狭，勿谓地偏。足以容膝，足以息肩。有堂有庭，有桥有船。有书有酒，有歌有弦。有叟在中，白须飘然。识分知足，外无求焉。如鸟择木，姑务巢安。如龟居坎，不知海宽。灵鹤怪石，紫菱白莲。皆吾所好，尽在吾前。时饮一杯，

▽图为白居易庐山草堂遗址

> 或吟一篇。妻孥熙熙，鸡犬闲闲。优哉游哉，
> 吾将终老乎其间。

从这篇文章就能看出来，这个园林的建造与白居易的园林思想是一致的。十亩的宅子，其中有五亩是园林。园林中有水池，还有千竿竹子。在这个池子的东面，设计的是存放粮食的粮仓，池子的北面是书房，而池子的西面是一个凉亭。这个凉亭有专门的地方来放置琴台。更绝妙的是在这个琴亭里还专门放置了一个石头做的大罐子。

看到这儿，你一定会觉得奇怪，甚至还有可能会围着这个大罐子转来转去，这儿摸摸，那儿看看，想知道这个东西到底是做什么用的。这时候，主人就会告诉你它的用途了。这是用来装酒的。嚯，听到这个罐子的用途，你没法淡定了。这唐朝的诗人果然都是能喝之人，这么个大玩意儿，能装多少酒啊？开一回宴会喝这么一罐子，开一回来一罐子，这不都是酒鬼吗？不过这也正是那些文人骚客的乐趣所在。抚琴、饮酒、吟诗、作对，这样的生活岂不快哉？

我们再看湖中央。白居易在湖中央建造了三座假山，有人说他的这个设计灵感是来源于传说中东海的三个神峰，但具体是不是真的出于此，那恐怕也就只有他自己才知道了，如果有人真对此较真的话，请去白老的墓前，求他托梦给你。哈哈，这当然只是玩笑话了。我们还是继续游走在这美丽的园林风景中吧。

连接假山和湖畔的是几座小桥，通过这几座小桥，我们可以自由出入湖中心的那几座奇峰。当然，这么大的湖，怎么也得有个游船什么的，所以白居易从"上有天堂，下有苏杭"中的杭州，弄来了莲花和游船。这游船可以说给白居易的生活带来了很大的乐趣。没事儿的时候，他就会邀请三五个好友来他的园子里聚会，在湖上泛舟。

知道白居易有多聪明吗？为了能使聚会宴席的食物等保持新鲜，他把这些东西比如肉、水果都放到一个防水的袋子里，然后再把袋子放到水里，拴在船尾，用船拖着走。等到吃完船上的，就把袋子捞上来，袋子里的也

吃光后，就会有仆人给他们送新的过来。

当然，来参加聚会的人也不会空手而来。他们也都会给白居易带来一堆的礼物，有的送座小桥啊，有的送给他酿造美酒的秘方啊，有的送给他古筝、乐谱啊，还有人会投其所好送给他送一些怪石，而这些东西也为这个园林增色不少。

在园林的湖中，有白居易从杭州带回来的莲花。花园中，种着牡丹。大家都说牡丹是花中之王。关于牡丹，还有一个很有趣的故事。相传，武则天有一次想游览上苑，便专门宣诏上苑："明朝游上苑，火急报春知。花须连夜发，莫待晓风吹。"当时正值寒冬，面对武则天甚为霸道的宣诏，"百花仙子"领命之后赶紧准备。第二天，武则天游览花园时，看到园内众花竞开，却独有一片花圃中不见花开。细问后得知是牡丹违命，武则天一怒之下便命人点火焚烧花木，并将牡丹从长安贬到洛阳。谁知，这些已烧成焦木的花枝竟开出艳丽的花朵，众花仙佩服不已，便尊牡丹为"百花之首"，"焦骨牡丹"因此得名，而它也就是今天的"洛阳红"。

古色古香｜书房、客厅和卧室

如今白居易已经不在了，而宅子也已经易主，你没办法见到大名鼎鼎的白居易，真是一种遗憾。不过，你并没有后悔来这里。只是如今已经在园子里转了大半天，你也已经累得不行了，想要找个地方歇歇脚儿，喝喝茶。于是这宅子的主人邀请你进屋去休息，并打算款待你。

主人的邀请，自然不能推辞，于是你随着主人走进了客厅。而这时，你会发现，房屋的整个结构都是木质的，包括房梁、柱子和椽等，都刷成了亮色。主人说，在其他房间里，还有一些没有上色的，特意留出了木头的纹理，也是十分别致的，能给人一种自然、纯粹的美感。

屋子的窗户并不像我们常常在电视里见到的那样是用油纸贴成的，而是用丝绸做窗纸，由此也能看出，这户人家是非常有钱的。可以用这种上等的布料来做窗户纸，那得多有钱？你自己去想象吧。不过用丝绸来贴窗户确实要比用油纸好看多了，阳光打到窗户上的时候，会映照出丝绸本身的颜色，红的、绿的、青的，色彩斑斓，赏心悦目。

看到众人的惊讶之后，主人却笑着说，他这种用丝绸来装饰的算不上什么，还有很多更有钱的人会用金银来装饰门帘、窗棂等。

在房间里坐着的时候，忽然闻到一股奇异的香气扑鼻而来，你连忙请教这种香气是从何而来的。主人说，他用沉香的粉末与水泥混合之后刷在墙上，因此，久坐之后，便会闻到这种沉香的味道，而这种香味有安神醒脑的功效。看来人家古代人对装修还真是讲究啊，不像我们，都是千篇一律的样板房，很少有自己的特色。

喝了一会儿茶，主人提议带着游客到书房去看一下。现代人因为生活节奏快，人们很难静下心来读书了。很多人家的书房对于他们来说，不过是给自己撑门面的地方，一屋的书架，上面摆满了书，却根本就没有认认真真地读过一本，现代的书籍几乎已经成了日常生活的装饰品。而在古代不一样，那些文人的书房真的是个可以让人感受到文化气息的地方。

一进书房，就有一种书的气息扑面而来。主人有点不好意思，解释说因为家里的藏书太多，没有办法一次都搬到外面晒太阳，所以会有些时间久远的味道。也是这里的书真的很多，多到书架放不下，摆在地上的书把窗台都挡住了，也难怪会这样。主人很自豪地说，这里的书他自己已经看得差不多了。不过，仔细想一想，在这个年代，又没有电脑，又没有电视，每天吃完饭总不能躺下就睡吧，因此看书恐怕是最好的消遣方式了。如此看来，我们对于现代人不爱看书，真的没有必要过于苛责，毕竟，现代可以分散精力的事情实在太多了，读书这种在很多人眼里费力不讨好的事情，自然就越来越少人喜欢做了。

出了书房，左手边的就是主人的卧房。虽然心中知道不应该对别人的隐私太多地窥探，但因为对古代人住的地方实在太过好奇，所以你还是厚着脸皮让主人带自己去参观一番。

推开门进屋后，首先映入眼帘的就是屏风。这种东西对现代人来说，

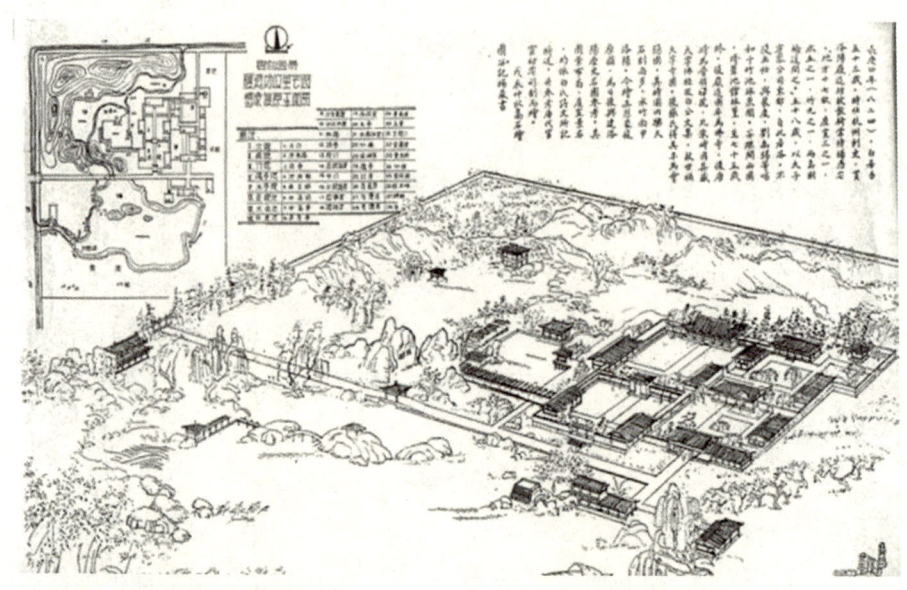
△图为洛阳白居易故居复原图

也并不会太过陌生,毕竟在电视剧里我们也常常能够看到。据主人说,屏风是很多大户人家必不可少的家具,屏风上几乎都有着字画装饰,既可以欣赏,又可以装饰房屋。

而古代的床,和我们在电视上看到的差不多。四个角都有小柱子,柱子上悬挂着帷帐。其实笔者很喜欢古代人的这种帷帐,这简直是对抗天亮的利器,只要挂上帷帐,即使在里面睡个天昏地暗,恐怕也不会受到亮光的打扰吧。

在床的旁边有一种折叠的椅子,主人说这是从西域那边传过来的。记得以前看书的时候,曾经看到过这样的说法,在唐朝之前,人们更喜欢席地而坐,使用的桌子也都是矮矮的案子,人们就在地上的席子上,盘腿而坐。而真正意义上的椅子,据说是在唐朝才开始出现的。所以说,唐朝真的为我们这些后来人做了很多引进的工作,让我们能够享受到现在这种舒适、便捷的生活,否则,我们可能现在还席地而坐呢。

我们看日剧或者韩剧的时候,就会发现,韩国和日本这些亚洲国家,其实还保留着席地而坐的习惯，如今的日本还有一种极其特殊的叫作榻榻米的床垫，据说也都是从唐朝传过去的。这些习惯能够保持至今也足以见得唐朝的影响深远。

说着说着，好像又说多了。我们回到椅子上来，这种椅子，叫作胡床，从名字也可以知道这种椅子是从胡人那里传过来的。虽然"胡床"的使用最早始于两汉，但其真正开始普及却是在唐朝。李白的《寄上吴王三首》中说："去时无一物，东壁挂胡床。"这体现了这种折叠类床椅真正地做到了携带便捷，平时不用的时候，就可以挂到墙壁上，用的时候，再从墙壁上取下来即可。在白居易的《咏兴》诗中有云："池上有小舟，舟中有胡床。床前有新酒，独酌还独尝。"看看，这种胡床方便到可以带到船上去坐。

一路下来，基本上该看的地方都已经看过了。再有就是后院。唐人的后院基本就是堆放杂物的地方，这里有厨房和马厩。这些并没有什么特别的，所以即使不看也没有什么损失。

不管在什么年代，装修都是一门学问，对于唐人来说，装修更是有很多的讲究。如果房间和园林弄不好，那会给别人留下笑柄的。当然除了讲究美感外，唐人还很讲究风水。唐朝有一个皇帝，特意在屋子的四周都贴上了镜子，有的大臣就说了，这样风水很不好，很容易让国家四分五裂啊。于是，皇帝就下令把这些装饰都拿下去了。所以说，装修也不能完全按照自己的性子来，要想把自己的家弄得舒服、美观，并不是那么容易的事情。

第六章　长寿是每个人的追求

（一）医生真不是那么好当的｜医学篇

能让我死得明白点吗？｜迷信

中国有句老话，叫"死也要死得明白"。意思就是说，我反正都要死了，你总得让我知道我到底是怎么死的吧。其实，人的死亡原因无非有三种：一种是自然死亡，当人到了一定年龄的时候，人体机能就完全退化了，根本没有办法再维持身体的正常运转了，于是，挺不住就去世了；第二种叫作天灾，也就是不可抗拒的力量所导致的死亡，不过，我觉得疾病也应该算是天灾的一种；再有一种就是人祸了，也就是人为导致的死亡，一般是指意外被人杀害等。

在我们现代，如果人生病了，就可以去医院看医生，经过医生的检查，就能知道自己得的是什么病。但在古代想知道自己得了什么病，可不是一件简单的事儿。

为什么会这样呢？答案其实很简单，因为古代的中国人有着很强的宗教意识。信道教也好，信佛教也罢，信徒们都认为在冥冥中有一种超自然的力量在主宰着一个人的一生，包括生病也是如此。因此，一个人如果生病了，家人和当事者本人的第一反应是，造成这种情况的原因是神仙啊妖魔鬼怪啊，或者是被人下了蛊啊，中了巫术什么的。完全不会往自己的身体机能这方面考虑。

说到这儿，你可能还不太相信，那我们就来看一个在古代看来很正常，但在今天看来却很滑稽的事情。有这么一个商人，家里面很有钱，几乎富可敌国。这个人没有儿子，只有一个女儿，因此，他对这个女儿疼爱有加。他的女儿长得很漂亮,但美中不足的是,这丫头的鼻孔下面长着两三厘米长的息肉,那形状还有点像毛豆,反正无论怎么看,都有些影响美观。

要说只是有碍观瞻的话,倒也能忍了,问题是,这玩意儿还耽误喘气,只要一喘气,就连带着心脏、后脊梁一起疼。这可把老爷子给愁坏了,为了给她治病,钱没少往里搭,但却一直未见效。

有一天,幸运来敲门了。从天竺,也就是今天的印度那一带来了一位得道高僧。机缘巧合下,他化缘化到这家门口。可能人家真是神通广大,能感觉到这家有一个病人,于是就敲了这家大宅的门。一会儿,院里的仆人就出来开门了。高僧施了一礼,道:"我知道你们府上有位小姐得了一种奇怪的病,这种病除了我没有人能治好,不如你请你家老爷出来,我说与他听。"仆人赶忙回禀老爷。老爷一听,这可是好事儿啊,于是连忙一路小跑着亲自出来迎接,把高僧迎入家中。

诊病的过程十分神奇,只见高僧从怀里拿出来一包白色的粉末,将其吹入富商女儿的鼻孔中。等了一会儿,就将息肉拔掉了,更加神奇的是,这位富家小姐竟然没感觉到一点疼痛。老爷一看,哟,还真是厉害,真的药到病除了,于是心里想着,怎么着也要施舍给这位高僧黄金百两作为治病的报酬,但是高僧却一直不肯接受,说:"贫僧是出家之人,自是以慈悲为怀,普度众生,如今你女儿的病已好,我不求金银,只求你能答应我把这两块息肉带走。"老爷一听,心中有些惊讶,心想这东西要它有什么用?但最后还是带着疑惑点了点头。高僧救了小姐,本来是做了好事,算得上这家的座上客,这位老爷本来打算邀请高僧在他家住下,但这位高僧一听人家答应把息肉给他,竟然像做了贼似的,飞也似的离开了。

要说这世上的事儿,就是无巧不成书。话说这高僧前脚刚走,就来了一位骑着白马的帅哥。这帅哥问府里的仆人,刚才是不是有个僧人从这儿离开。仆人觉得奇怪,今天还真是怪事多,怎么来府上的人一个接着一个呢?但刚才见识过高僧的能耐之后,他们对眼前的人也不敢怠慢,谁知道

△图为晚唐时期的《观音像》壁画,绘者佚名,纵 127.6 厘米,横 89.2 厘米。现收藏于美国纳尔逊·艾京斯艺术博物馆。唐朝时期的宗教绘画有很多,由此也可以看出当时的人们的宗教信仰

面前的这位又是什么来头？于是那仆人跑回大堂请老爷出来，与这位帅哥见了面。老爷说，刚才确实来了一位天竺的僧侣，然后他将当时的情况对面前的帅哥说了一遍。之后便一脸好奇地看着帅哥，等着他解释自己找僧侣的原因。

帅哥听说僧侣已经走了，眼中流露出失望，整个人像斗败了的公鸡，一下子就蔫了下来。老爷一看，面前的人竟然和霜打的茄子似的，心中有些惊讶。过了好一会儿，帅哥好像才终于从打击中恢复过来了，于是说："唉，你不知道。我是从天上来的。最近，我们玉皇大帝的两位御医丢了，我们找了好久，才发现他们变成了息肉藏在你女儿的鼻孔中。我这次就是奉旨到凡间来捉拿这两位御医的，没想到还是晚了一步，让那位僧侣拿走了。我回去要怎么交差啊？"说完只好怏怏地走了。

从这个故事，我们就可以看出来，在古代，人们对于疾病的理解并不像现代这么透彻，这在很大程度上限制了当时人们的寿命。除了神仙会使人生病之外，还有中邪说，被鬼附身说，让人诅咒说，总之，很少有人能够想到，自己之所以会生病，是因为身体出现了问题。

想当医生吗？先学了再说吧｜唐朝医学院

我们刚刚所讲的故事虽然说的是古代，但却不是唐朝时期流传下来的故事，具体是什么时代，已经无法考究了。咱们走在时尚前沿的大唐朝，经济高度发展，虽然也有很多愚昧的人，但总体来说，不管在思想上，还是在行动上，都是十分先进的。因为，那个时候已经有了世界上最早的医学院，也就是唐朝时期的太医署。

虽然说太医署这个名称早在南北朝时候就已经有了，而在那个时候，太医署也就是在全国范围内负责管理医疗和保健的部门，其真正发展成正式的医学院，还是在唐朝。简单来说，唐朝的太医署，已经有了今天医学院的雏形，对学科也已经有了比较严格的划分。具体来说，那时的太医署有行政、教学、医疗几个学科分类，这在当时绝对是首屈一指的，即使在世界范围内也是第一家由国家出资兴办的医学院。这所医学院在当时所处的地位和现在的国家直属医科大学一样。这所医学院成立于公元618年,一直到公元626年之前,都在不断地发展。而到了贞观三年的时候,唐朝政府又在各州府陆续创办了地方的医学馆,也就是相当于现在地方的医学院之类的学校。

怎么样,唐人很牛吧?看看人家的专业分类,在那个时候就已经很科学了。详细说来,也可以分为医学和药学两大部,而在各部下,又可以分为几门。比如医学部下,有医、针、按摩、咒禁四门,根据唐朝《新唐书·百官志》中的记载,就是"一曰体疗,二曰疮肿,三曰少小,四曰耳目口齿,

▽唐朝时期,中国建立了第一所太医署。图为太医署的场景重现雕塑

五曰角法"。

下面就具体说一下这几门。体疗科，和今天的内科差不多。疮肿科，作用类似于我们现在的外科。你身体的哪个地方磕碰了，起疮了，长痂了，就到这里看病。少小科，这个不用说了，就是我们今天的儿科。还有耳目口齿科，这个就是五官科。除此之外，还有个角法科，提供的是艾灸、拔火罐这一类的服务。够齐全了吧，咱说那个时候除了不能给人动手术之外，所有现代医院具备的功能也都算凑齐了。说到外科手术，咱不得不在这里提到一件事情，如果当年曹操没把华佗杀了，那么今天中国的医学没准会是另外一番光景。

关于中医为什么没能得到更长足的发展这件事情，我们先按下不表。单说唐朝的医学机构。要说对于医学院管理的严格，那个时候和现在相比可都是丝毫不逊色的。人家负责管理方面的官员也都各司其职。太医署的头儿，也就是专门负责整个医院运行的人叫作太医令，就是今天的医学院的院长，官不算太大，是从七品下。在他下面的，是从八品下的太医丞，共有两人。另外有医监四人，差不多是副院长或者是院长助理这一级别的。除此之外，还有从九品下的医正，共八个人，这些人员类似系主任。而在当时各个系别还设有博士和助教。那么这些人主要都教些什么呢？且听笔者慢慢地与你说。

针博士，从字面意思我们也知道他们是教针灸的。主要是教人识别人体的经脉和穴位，然后再告诉学生们应该怎么给病人施针治病。根据《旧唐书·职官志》中记载："掌教针生以经脉孔穴，使识浮沉涩滑之候，又以九针为补泻之法。"

还有按摩博士，这个不用详细解释了吧，就是教人推拿按摩的。其实即使在科学已经十分发达的今天，针灸和按摩在外国也是十分的流行。很多国家，甚至将这两项技术作为移民工种，为这类技术人才广开移民的大门，这也足以见得中医在世界范围内的影响之广了。因此，也可以说唐朝在中医方面给我们现代人提供了很好的基础。关于按摩博士，在《新唐书·百官志》中有相关的记载："掌教导引之法，以除疾，损伤折跌者，正之。"

其实要说最神奇的，还得说是咒禁博士。他们所属的学科和我们之前说的那种鬼神之类造成的疾病有关系。但具体到底那些疾病是不是这些原因导致的，当时谁又真的能说得清呢？这个咒禁科，在当时也算得上应运而生的一个学科。因为有需要，那就得提供这方面的服务啊，要不怎么说人家唐人想得周到呢？据说咒禁博士主要负责教学生如何祷告，怎么用符咒，怎么解巫术，听起来很像玄幻小说。不过，这种治病的方法，在如今几乎看不到了。很多人都知道，这样所谓除巫除鬼的办法，无非是用心理暗示的疗法来达到治病救人的目的，但当时的医生究竟是怎么做的，如今已经不可考了。

说到医博士，还有件事情要重点交代一下，也请各位读者朋友注意。唐朝时期，地方上还有一种叫作医学博士或者医药博士的官职，但其职能和医博士是不同的，他们并不负责教书育人，更多的是负责为自己这一片儿的管区做医疗普及、药方普及等。其职能和现在的各地方卫生局类似。千万不要把这二者弄混了才是。

除了医学部之外，我们还不能忽略了另一个部门，就是药学部。虽说药学部并没有像医学部那么受重视，但在现在来看，当时其规模也不算小。而且当时，药学部的设施还很齐全，甚至设有专门的药园，也就是用于栽培和识别药物的教学基地。在《旧唐书·职官志》中，有药园的相关记载："药园编制，府二人，史四人，掌固四人，司总务；主药八人，药童二十四人，管制配药；药园师二人，药园生八人，管药物栽培。"这里面提到的药园生，差不多就是学生了，一般都是十七八或二十二三岁的年轻人，他们在这里跟着老师学习中药的分类、栽培、采集、加工等一系列技能，同时还要学习怎么贮存药材，怎么配药以及药材使用上存在哪些禁忌等相关的知识。

看到这儿，你可能在想，现在的医学院一般是五年制，而且即使五年毕业后，还得读研究生进行深造，在医学院，就算读到博士生都不为过。那么在唐朝的时候，是不是很容易就能当上医生呢？当然不是的。千万不要小瞧了唐朝的医学院，那地方可不是随便一个人想去就能去的，想要在医学院功成名就,哪是那么容易的一件事情?

首先,学生入学以后,并不是马上就能学习一些专业性的东西,而是要先从最基本的知识学起。像《素问》《神农本草经》这种书,就属于基础课程,只有你把这些掌握扎实了,才能继续往下学习。

接下来的学习就是分科了。喜欢哪科,觉得自己擅长哪科,就去哪科学习相关的知识。但这些学科的学制是不一样的,有的三年,有的五年,有的则长达七年。根据《唐六典》记载,"体疗者七年成,少小及疮肿五年,耳目口齿之疾并角法二年成"。毕业之前,国家还会安排临床实习。至于能在学院中学些什么,我们前面也已经做了说明。

学完了上面所说的那些课程,你心中觉得自己已经很优秀了,应该可以顺利成为医生了。但我只能说,你又想错了。因为即使你学了这么多年,你也不一定能够顺利地从太医署毕业,因为人家也是有考试的,只有考试合格之后,才能顺利毕业。如果不用考试就直接让这些学生成为医生,那这世上的庸医岂不是要千千万万了?好在唐朝的管理制度十分严格,所以成功杜绝了这种情况的发生。

入学的时候,要进行入学考试是肯定的。除了入学考试之外,每个月、每个季度、每一年也都要进行考试。看看这考试的频繁程度,是不是一点也不比我们今天的考试差?在当时要是考试考出了好成绩,政府还会给一些类似于奖学金的奖励,要是考得不好,也不会受到过多的责罚,不过,你自己还是得知道努力。一次考得不好,就考两次,两次还考不好,那就三次。不过,你也不能以为学校会对你这么一而再,再而三地放任下去。正所谓事不过三,你可不能三番五次都落于人后。特别是当你学完九年,却还是一瓶子不满,半瓶子咣当,那就只能对不起了,因为你没法毕业,太医署的人是不能放你这样的人出去祸害其他人的,由于你根本没有当医生的姿质,只能劝你趁早改行了。

所以,一般遇到这种人时,太医署基本上都是直接就强令退学了。这一点从《唐六典》中也能看出来。"博士月一试,太医令、丞季一试,太常丞年终总试。若业术过于见任官者,即听补替。其在学九年无成者,退

167 | 第六章 长寿是每个人的追求

△图为唐时的考场,学子们正在进行考试

从本色。"由此可见,不光学生得考,老师和职工也都得考。会有这样的情况也可以理解,俗话说,学无止境,活到老学到老,身为老师,当然要在技术和知识上与时俱进,才能成为学生们的榜样,不然一个老师连学生都比不上,还能教得了学生吗?

虽然说名头不一样,但唐代太医署教学安排和专业的划分与今天的高校教育还是有着很多的相通之处的。这也更能说明唐人的厉害了。这么完善的医学制度在那个时候就已经形成了,怎么能不让人佩服呢?因此,大唐能够威名远播也就可以理解了。

这种叫作太医署的类似医学院的形式在当时也是得到了各国的纷纷效仿的,比如朝鲜,也学习了这种管理方法,而其教学用书也是中国的《素问》《神农本草经》等。日本也将这些规定为必须学习的教科书。但无论他们如何效仿,在规模和管理模式上,还是不能和唐朝的太医署相比。要论中医,日本、朝鲜都得靠边站,还要看我们大唐朝。但是如今,在日本、韩国等地,中医仍然十分受欢迎。日本曾经做过一个调查,普通的感冒,采用中医疗法的话,两到三天基本就可痊愈,而使用西医的疗法,通常要用一周左右的时间才能好转。所以说,中医学其实还是博大精深,值得发扬光大的。

(二)养生还得是古代 | 养生篇

孙思邈到底活了多少岁,你知道吗? | 孙思邈和《千金要方》

如果说西医是哪儿疼医哪儿的话,中医就是把握身体的全局,使身体的机能得到调和。整个中医学,其实说白了就是养生学。

什么是养生呢?用通俗一点儿的话讲,就是保养生命。《吕氏春秋》将医学定义为"生生之道"——前一个"生"是动词,是"提高"的意思,后一个"生"是名词"生命力"的意思,"道"是根本性的规律。养生就是人类提高自身身体素质、自身康复能力的学问,其目的是达到延年益寿的境界。如果真的想达到养生的目的，还是要对古代人的养生进行一个系统的研究，下面就来看看我们的老祖宗是如何利用中医进行养生的。

提到唐朝的那些有名的医者，估计大家第一个想到的就是孙思邈。孙思邈被人称为中国乃至世界史上伟大的医学家和药物学家之一，被后来的人称为"药王"，甚至有很多的华人尊他为"医神"。因此，提到养生，就不能不提这个伟大的人物，现在就让我们来看一看孙思邈这个人。

孙思邈出生于南北朝时期的北周，卒于公元682年的唐朝。至于他的真实年纪究竟有多大，有很多传说，现今有六个版本，最小的说他的寿命为102岁，还有说他活了120岁、131岁、141、165岁，甚至还有说活了168岁的，有人觉得他应该活了141岁。因为他的著作《千金要方》续编中，已经说过了，是他在自己一百多岁的时候写成的，换句话说他不可能在一百多岁时写《千金要方》续编，而在一百零二岁的时候人就没了，因为这有点不符合逻辑。不管他究竟活了多少岁，都不妨碍这位老爷爷成为当之无愧的老寿星。如果他活在现代，那一定会打破吉尼斯世界纪录，成为史上寿命最长之人。而这个人之所以厉害，就在于他所生活的年代，并不是医疗已经极其发达的现代，而是距今一千多年前的朝代，在那个医疗尚不发达的时期，能活这么久，可见这人对养生有很深的研究。

事实上，孙思邈小时候一直是体弱多病的。那时甚至有人说他活不了多久，然而他最后却活到了百岁以上，这不得不让人惊讶。为了医治他身上的病，家里人已经荡尽家财，但却一直不见成效。但上天对任何人都是公平的，虽然没有给他一个好的身体，但却给了他聪明的大脑。从小孙思邈就聪颖过人，七岁的时候，就已识千字。到他二十岁的时候，他对《老子》、《庄子》以及很多的佛教经典都已经烂熟于心，甚至十分精通了，也因此他被人称为"圣童"。

因为自己的身体不好，花了家里很多钱，却还久治不愈，孙思邈心中十分过意不去。因此，在他十八岁时，他立志要学习医学，这样不仅能给自己治病，还可以为百姓献出一份力量。二十岁时，他开始为邻里乡人诊病。他的医德十分高尚，他认为作为一个医生，第一责任就是用尽一切办法去

△图为孙思邈(581—682),汉族,唐朝京兆华原(今陕西铜川市耀州区)人,被后人誉为"药王"

解除病人的苦痛。他对所有的病人都一视同仁，不管是有钱没钱，有势没势，只要是病人，他都会用心去医治。

为了研究药草学，他遍访中国的名山，峨眉山、终南山、太白山等地都留下了他的足迹。在这些地方，他过着半隐居的生活，一边给人诊病，一边采集研究草药，同时还会做一些临床试验。人们都说，继汉朝的张仲景之后，孙思邈是中国第一个全面系统研究中医药的探索者，他可以说是为我国中医的后继发展奠定了坚实的基础。

他一生留下了八十部著作，就像我们前面说过的，到了一百多岁，他还在将自己的心得创作成书，其中《千金要方》和《千金翼方》的影响是最为巨大的，这两部巨著加在一起有60卷，《千金要方》是对唐代以前医药学成就的系统总结。人们说它是临床医学的百科全书，对后世医学的发展起到了深远的影响。

如果你对孙思邈感兴趣的话，可以在网上搜索他的相关信息，详细了解一下。根据网上对这位药王材料的整理，我们可以知道，孙思邈对我国药学的贡献有"二十四个第一"。什么是"二十四个第一"呢？我们往下看。

1. 医学巨著《千金要方》是我国历史上第一部临床医学的百科全书，被国外学者推崇为"人类之至宝"；
2. 第一个完整论述医德的人；
3. 第一个倡导建立妇科、儿科的人；
4. 第一个麻风病专家；
5. 第一个发明手指比量取穴法的人；
6. 第一个创绘彩色《明堂三人图》的人；
7. 第一个将美容药推向民间的人；
8. 第一个发现"阿是穴"的人；
9. 第一个扩大奇穴，选编针灸验方的人；
10. 第一个提出复方治病的人；
11. 第一个提出多样化用药外治牙病的人；
12. 第一个提出用草药喂牛，而使用其牛奶治病的人；

13. 第一个提出"针灸会用，针药兼用"和用于预防的"保健灸法"；

14. 系统、全面、具体论述药物种植、采集、收藏的第一人；

15. 第一个提出并成功试验使野生药物变家种；

16. 首创地黄炮制和巴豆去毒炮制方法；

17. 首用胎盘粉治病；

18. 最早使用动物肝治眼病，动物肝富含维生素 A；

19. 第一个治疗脚气并最早用榖树皮煎汤煮粥食用预防脚气防止脚气复发，比欧洲人早了一千年，榖树皮富含维生素 B_1；

20. 首创以砷剂（雄黄等）治疗疟疾，比英国人用砒霜制成孚勒氏早一千年；

21. 第一个提出"防重于治"的医疗思想；

22. 首用羊靥（羊甲状腺）治疗甲状腺肿；

23. 我国历史上第一位深入民间，向群众和同行虚心学习、收集校验秘方的医生；

24. 第一个发明导尿术。

看到这里，你是不是也觉得孙思邈是个很牛的人呢？这么多的东西都是他第一个发明的。唐朝时期发达的文化，造就了很多这样名垂千古，对后世影响巨大的大人物，而这些人的存在，也推动了整个唐朝的发展，从而使唐朝走在时代的前面。

好了，有关孙思邈的事情，我们讲完了，同时也了解了他的相关著作。那么接下来，我们就来看一看，他到底是怎么养生的。

喝水都能长寿？ | 井水

中医最讲究的其实是饮食养生，也就是我们常说的"药补不如食补"。自古以来，中国人就认为民以食为天，但如果不对这些饮食加以控制，讲究食材的搭配，反倒可能会因为饮食不慎，引起疾病。

孙思邈的《千金要方·食治》中说："人体平和，惟须好将养，勿妄服药……夫含气之类，未有不资食以存生，而不知食之有成败……安身之本，必资于食，救疾之速，必凭于药。不知食宜者，不足以存生也；不明药忌者，不能以除病也……当须先洞晓病源，知其所犯，以食治之。食疗不愈，然后命药。"

在古代人的养生中，最注重的就是对水的选择。特别是在道教十分盛行的唐朝，认为水乃是人类食物中的精华。虽然饮水很重要，但水也不是可以胡乱喝的，在喝什么水，怎么喝上，还是有很多讲究的。

那时候喝水讲究的是喝井华水。什么是井华水呢？就是指早晨天一亮，就去井里提取的井水，水从井里提上来之后，还要先搅动数十次，把上面的泡沫去掉之后，才能喝。据说这样的水是井水中的精华，味甘、性平，有安神镇心、清热助阴的功能，更能除口臭。这简直比口香糖还有用啊。

其实这种喝水的方法，早就已经有了。晋朝时候的葛洪在他的《肘后备急方》的第四卷记载着服水的《治卒绝粮失食饥惫欲死方》。而到了唐朝时候，孙思邈更在其《千金翼方》的第十三卷辟谷服水方中写出了服水禁忌法，由服水法发展到服水辟谷服气法，从魏晋唐五代以来，这种服水养生的方式流行过一段时间。

这酒和茶的功效还真不少啊｜药酒和药茶

说到以水养生，我们还不得不提另外两种在古代也十分重要的东西。其实之前，我们也讲过这两种东西，那就是在唐朝十分盛行的酒和茶。之前我们就说，酒和茶对于唐朝人民来说，简直就是居家旅行必备良品。离了这两样，唐人的生活就失去了很多的乐趣。

其实酒和茶有着很强的养生功效。特别是黄酒，常常作为中药的药引子，在中药的运用中十分流行。在黄酒中加入一定的草药，就可以配成养生的药酒。在《药酒序》中有记载："夫酒者，谷蘖之精，和养神气。性惟僄悍，功甚变通。能宣利胃肠，善导引药势。今则兼之名草，成彼香醪，

▽图为唐代七星井遗址。七星井浚于唐懿宗咸通八年(867年),共有七口,此为其一。井水甘甜清冽,即使遇到大旱之年,井水也不会枯竭

莫不采自仙方,备乎药品,疴恙必涤,效验可凭。"可见药酒有着很多的养生功效。在唐朝盛行的药酒中有地黄酒、黄精酒、枸杞酒、菊花酒、菖蒲酒、松叶酒、松脂酒、柏叶酒,以及桃仁酒、杏仁酒、神仙乌麻酒、三石酒等,这些药酒都能起到轻身明目、延年益寿、补气血、壮筋骨等作用。

除了药酒以外,茶也可以制成药茶。就是用草药代替茶泡制成水,或者将一些特定的草药加在茶里。在隋唐时期,隐居在嵩山、王屋山的一些道士就会自己制作一些药茶来喝,比如松叶茶、柏叶茶、甘菊茶、杏仁茶、桃仁茶等。这些茶看起来是不是很眼熟呢?这里面的甘菊茶、杏仁茶我们现在也常常会饮用,而事实上,唐朝的时候就已经有人开始制作这种茶饮了。其实这种茶饮的制作方法很简单。比如甘菊茶,有明目清肝的功效,能治虚劳醒脑。制作的时候采摘整朵菊花、洗净、风干后再捣成末就可以了。一般都是在五月的时候,采取菊花的茎,九月再采菊花。再比如薄荷茶。薄荷这种东西大家都知道,味道很冲,头疼脑热、鼻塞不通、嗓子疼的时候,

含服薄荷制品可以解决很大的问题。在唐朝时就是将采下来的薄荷叶风干捣碎之后，冲水服用，可以治疗肠胃虚火、大便干燥和痔疮等。

除此之外，中医认为最养人的东西是粥。大家可能觉得粥不起眼，平时也不那么讲究喝粥，但从古至今，粥却一直都被认为是好东西。唐朝的大诗人陆游还特意写了一首诗来说喝粥的好处，正是"世人个个学长年，不悟长年在目前。我得宛丘平易法，只将食粥致神仙"。

在孙思邈的《千金要方》《千金翼方》两部巨作中将粥作为"食疗"的专项进行了专门的讲解。而且其中，还记载了很多民间通用的粥谱及其功效。比如说用谷皮糠煮粥，可以防治脚气肿胀病；防风粥可以去四肢风痹症。当时另一个养生方面的专家张鼎写的《食疗本草》中也记载了一些其他的粥谱。在修道之人看来"五谷、五畜、五果、五菜，用以充肌时谓之食，用以疗病时谓之药"，将稻米和谷物与药物搭配，煮成粥，可以起到相辅相成的作用。这样既可以应用到药物的治病功能，又能借助谷物的扶正调理功能，可以说是寓药于食，亦医亦补，简直就是一箭双雕的做法。做到了"峻历者，可缓其力；和平者，能倍其功"，正如《本草求真》中说的："米虽常食之物，服之不甚有益，而一参以药投，则其力甚巨，未可等为泛常而忽视之。"

大家看到这儿一定已经发现喝粥的好处了，所以以后还是要遵从老祖宗的养生之道，多喝点五谷杂粮粥，这样对身体是十分有好处的，通过这种方法可以治疗的病症，就不要去吃药医治了。毕竟是药三分毒，经常吃药对身体是有一定害处的。

总之，大家想要养生，健康长寿，可以去找古代这些"老神仙"的书读一读，了解一下什么叫"内外兼修"的养生。而且，孙思邈也指出，要想真正达到养生的目的，除了食补和药补之外，一定要修心。保持一颗平常心，对健康来说是有好处的。喜、怒、哀、乐、惊、恐、悲，这些情绪对于健康来说其实都是大忌，特别是突如其来的大喜或者大悲，都会伤心、伤肝。在《千金要方》中特意指出："虽常服饵而不知养性之术，亦难以长生也。"就是说如果不从心态上进行调整的话，所谓的养生其实是无从谈起的。在此，也告诉大家："养性之道，莫久行久立，久坐久卧，久视久听。""常少思少念、少欲少事，少言少笑，少愁少乐，少喜少怒，少好少恶行，此十二少者，养性之都契也。"所有这些说白了，就是要我们拥有一颗"平常心"。但要做到"平常心"，对于我们这些生活在这个物欲横流的社会中的人来说，又谈何容易？

看来，我们想达到唐朝的孙思邈或者其他那些养生达人的境界几乎是不太可能了，我们也只能通过写这些有关他们的东西来向他们表达我们最崇高的敬意了。

第七章　唐人的婚姻观

（一）千里姻缘一线牵｜恋爱篇

缘分是一种很奇妙的东西｜月老

我们现代人恋爱结婚一般都是自由的，能够遵从自己的心意，但在古代不一样。古时候的婚姻基本都是父母之命，媒妁之言。但有一点几乎是相同的，就是在男女双方由于种种原因不能结成夫妻，或者不能牵手走到老的时候，很多人都会说"没有缘分"或者"缘分尽了"。那么到底什么是缘分呢？在这里我们不得不提到一句大家都熟悉的话"千里姻缘一线牵"，说的就是人与人之间的缘分，其实早就已经注定。而这句话，也是从唐朝开始流行的，这里面还有一个动人的小故事。

这个故事的出处，是唐朝人李复言的《续玄怪录·定婚店》。故事说在陕西杜陵有这么一户人家，姓韦。这户人家几代单传，到了韦固这一辈，因为他的父母在他年幼的时候就已经撒手归天，因此，全家只剩下他一个人了。

古代都讲究继承香烟，这韦固因为没有父母，再加上他是单身一人，一想到自己万一哪天出个意外，连给自己收尸的人都没有，心里便开始难受。而且如果自己就这么死了，也没能为老韦家留下个一儿半女来传承香烟，也是不孝的事情，因此他就想早点儿娶个媳妇，给自己添个儿子。

可是说来也巧，虽然他到处找人给自己做媒，但是却没有一家的姑娘肯嫁给他。他心中忧愁，这可怎么办呢？后来的一天，他因为有事要到清河去一趟，途中经过一家宋城的客栈。那个时候的人都很好客，他在客栈中遇到一个人，两人可以说是一见如故，于是晚上就在客栈里把酒言欢。

酒过三巡，菜过五味，韦固说起了自己的愁事，朋友一听，说："这有何难，大丈夫何患无妻，我给韦兄做个媒便是了。"于是，此人便给他介绍了一个曾经在清河县做司马的人的女儿，并约好第二天一早就在西面的龙兴寺门口见面。

虽然约的是明天一早儿，但韦固着急，他是真想早点娶上媳妇。这心态，很"屌丝"啊，有没有？哪有为了娶个媳妇儿就这么沉不住气的？但韦固还真就沉不住气，早早儿地，外面天还没亮的时候，他就已经起身收拾好了，动身前往龙兴寺。

走着走着，他看到有个老人坐在月光之下，背后靠着一个布袋，正坐在那里翻看着一本像是书的东西。他心里很是好奇，心想："此时天色还未大亮，这老人坐在这里借着月光看书，这是多么神奇的一件事情啊。"人都有好奇心，当遇到自己感到好奇的东西时，都会有想一探究竟的心理，基本上没有人能够免这个俗，要不怎么说好奇害死的不只是猫呢？韦固是一个普通人，他自然也有这份好奇心，于是他走上前，并没有说话打断老人家，只是坐在老人的身边，和他一起看书。但令韦固感到奇怪的是，这书上所写的字，竟然没有一个是他认得的。这一下，韦固更是丈二和尚——摸不着头脑了。咱说大晚上的在这儿看书也就算了，借着月光看书也可以不提了，但这书上的字儿还鬼画符似的，你说这不是让人纠结吗？

过了好一会儿，韦固终于忍不住了，心想自己好歹也是个读书人，这满书没一个自己认识的字，这不是侮辱自己的智商和学识吗？他又不想就这么走了，因此，只好向老人请教。

"老人家，请问，您看的这是一本什么书？"韦固的语气十分恭敬。

老人哈哈一笑，说："这可不是普通的书，而是一本可以掌管人间婚姻的书。"

韦固一听，眼睛直放光。那时候的人不像现在，现在你要说有个老头拿这么本书坐月亮底下看，书上的字你还都不认识，你问他是什么书，他说是婚姻书，那么你十有八九会认为这个人是从精神病院跑出来的。但是

△图为月老月下看书。月老在中国民间是一个家喻户晓的人物,他是中国民间传说中主管婚姻的红喜神,也就是媒神。月老以赤绳相系,确定男女姻缘,这反映了唐人姻缘前定的观念,这是唐人命定观的表现

唐朝那时候可对于鬼啊神啊这一类的东西，还是很相信的。因此，本来就对自己的婚姻十分担忧的韦固，一听到这个老人手里有这么一本书，自然是十分感兴趣。于是，他忍不住向老人请教，自己此番前去见前司马的女儿结果会怎样。

老人掐指一算，说："不行，你和这个人没有缘分，命中注定不可能在一起的。像你这样的现在想找个小偷或者屠夫的女儿都不太可能成功，更何况是找个曾经当过官的人家的女儿呢？我劝你还是赶紧打消这个念头吧。"

韦固又问："那你说我未来的妻子是什么人，在哪里，在做什么呢？"老头支支吾吾地不愿意说，因为在神仙看来，这是一件泄露天机的事情。但是他禁不住韦固在自己耳边磨磨叽叽，只好一狠心，告诉他："你未来的妻子现在才三岁，还是个小孩子，你要想娶她，还得等到她十七岁才行，日子多一天，少一天，都不行。"

韦固对这个老头说的话将信将疑，心里不住地嘀咕："这老家伙，竟然说我未来的媳妇现在还只是个三岁的娃，到底是不是骗人的啊？"老头从韦固的表情中，看出了他的想法，也知道他对自己不是那么信任，因此也就不再说什么了。

两人沉默了一会儿，韦固又追问道："既然老人家说我未来的妻子现在才三岁，那您能告诉我她现在在哪里吗？我能去看看她本人吗？"老人可能也是为了让他相信自己说的话，就带着韦固，一起去找那个女孩子。

两个人走在清河的市集上，四处搜寻着。这时，老人看到路边有一个盲人老太婆在街边卖菜，怀里还抱着一个两三岁的女孩。老人碰了碰韦固，用手指给他看，说："看到那边了吗？那个老太婆怀里抱着的小女孩，就是你未来的妻子。"

顺着老人的手指望去，韦固看见这个老太婆衣衫褴褛，而且她怀里的小女孩看上去也是黑乎乎的，瞅着就不顺眼，他心里涌起一股厌恶之情。老人知道韦固心里老大不乐意，又接着说："你放心，这个女孩子以后生的儿子一定会做大官，她就是当官的妈了，而且……"老人咳了一下，拍了拍手里的袋子，清了清嗓子继续说："而且我跟你说，你看到这个袋子了吗？这里面装的是红绳。这些红绳可不是普通的红绳，而是用来系在有缘男女的脚上的。这些男人和女人从生下来的那一天开始，我就已经把红绳绑到他们的脚上了，不管这两个人是什么身份，是世仇之家也好，贵贱悬殊也罢，就算天涯海角，两地相隔，只要系上这个红绳，最后必会终成眷属。你和那个孩子的脚上也早就系上了这条红线，不管你如何不乐意，如何反抗，这桩婚姻都是你左右不得的。"说完这番话，老人一下子就不见了。

剩下韦固自己一个人，站在那里呆若木鸡。他想说这老家伙是满嘴胡言，想自己一介书生，也算是官宦之后，怎么可能娶这个盲人老太婆的女儿呢？更何况那丫头看现在的长相就不好看，长大了想必也漂亮不到哪里去。再加上二人在年龄上也有差异，怎么想这也是不靠谱的事儿。但那老爷子突然就消失了，也有可能真的是神仙，这样一想，这话还真就不可不信。如果他说的是真的，那该怎么办呢？

回到家，韦固想了又想，心里还是觉得别扭，于是，自己亲自磨了一把刀，交给家丁，告诉他这个盲妇人长什么模样，她怀里抱的小孩又长什么样子，二人现在在什么地方，并交代这个家丁，务必把孩子解决了，这样自己才能放心。家丁回来之后，对韦固说自己已经砍了那个盲妇人，但因为市集里的人太多，他没敢看人到底死没死跑回来了。过了一段时间，韦固也没再想这件事，日子越久他忘得越干净。

令他感到奇怪的是，在这之后，他曾多次向别的姑娘求婚，最后却都被拒，这让他的心里也犯嘀咕。就这样一晃十四年过去了。按时间推算，当年那个三岁女童也正好有十七岁了。但韦固并没有再遇到合适的人。而此时的韦固已经承袭了自己父亲的官位，在相州做官，混得也算是有模有样了。

相州的刺史王泰，十分赏识他，于是决定把自己的女儿嫁给他。洞房花烛夜，韦固揭下了盖在新娘头上的盖头，心里十分惊讶。这个女孩子年纪约莫十七岁，容貌十分漂亮，有一想之美。什么叫一想之美呢？这个词意思是说在每个人的心里都有一个标准，自己想要找什么样的女人做自己的媳妇儿。而面前的这个女孩，完全合乎他心中所想，于是就叫一想之美。笔者这么一说，你就能够想象这位姑娘究竟长得有多漂亮了。可就是这么漂亮的一个姑娘，她的眉间却用花瓣遮盖了起来。韦固很是奇怪，于是就问她，为什么要在那里用一片花瓣遮盖，是不是有什么不能见人的？姑娘一听他这话，眼泪便扑簌扑簌地掉下来，泣不成声。好一会儿她的情绪才平复下来，之后她向韦固讲述了一段往事。

"我本来并不是刺史大人的女儿，只不过是他的侄女而已。我从小父母双亡，幸亏有乳娘的抚养，才能够活下来。在我长到三岁的时候，乳娘带我到城里去卖菜，却不知道从哪儿跑来一个恶贼，提着刀就砍下来。乳娘没来得及护住我，我的额头就被砍伤了，乳娘也伤了手臂，但幸好没有生命危险。这之后，虽然伤口愈合了，但却在我的额头上留下

▽图为敦煌壁画中的《婚礼图》，反映的是唐朝时期的民间婚俗情况

了难以磨灭的印迹，因此，我只好把它遮住，让人不至于被我脸上的伤疤吓到。"

韦固听得浑身冒冷汗。好久，韦固才用颤抖的声音问："你的乳娘是不是有一只眼睛是看不见的？"姑娘听了他的话，很是惊奇，问韦固怎么会知道。韦固这时才不得不相信十四年前那位老人所说的话。于是一五一十地把自己当初怎么遇到老人，怎么起了歹心派人去杀她们二人的事儿全都讲了出来。

姑娘听了之后，也没有说什么，只是叹了口气，说："看来，这真是一切都是命，半点不由人啊。"自此之后，两人十分恩爱。几年后，家里添了个大胖小子，长大后做了雁门的太守，被封为太原郡公，他母亲还受到了封赏，为太夫人。所有的一切都和老人说的一模一样。

由于这个故事人们便用"千里姻缘一线牵"来形容男女之间牢不可分的缘分。两人之间的那条红线，是想斩也无法斩断的。而那个在月光下看书的老人，也就成了现在我们口中的"月老"，而"月老"正是月下老人的意思。

人面不知何处去，桃花依旧笑春风｜唐朝的才子佳人

瞧瞧，这唐人是不是很新潮，连月老这种说法都是从他们那儿传下来的。但其实"千里姻缘一线牵"的产生，也不是偶然的。唐朝时期的婚姻相比于其他朝代，要开明一些，虽然都是封建社会，难免会有条条框框的束缚，但对于唐朝时的年轻人来说，他们可选择的范围要比其他朝代的人大很多。这个我们也可以从另一个故事里看出来。

有一首很著名的唐诗叫《题都城南庄》。如果看到题目你还没想起来这首诗的话，那么当你看到里面的内容时，一定会大呼一声："啊，原来是这首诗啊！"这首诗的诗文如下："去年今日此门中，人面桃花相映红。人面不知何处去，桃花依旧笑春风。"怎么样，这首诗是不是很熟悉，熟到都能倒背如流了？

如果知道这首诗,想必大家也一定知道这个故事吧。这个发生在唐朝大诗人身上的故事,也正好可以说明姻缘真的是"千里一线牵"。

有一年的春天,桃花都已经开满城了,一个个粉嘟嘟的,别提多让人喜欢了。有一个叫作崔护的举子,出游长安城南郊。

那一天清风袭袭,鸟语花香,正是出游的好天气。崔护一路走一路看,走得口也干了,可是此地离城已远,想找家小店也不是一件容易的事,于是他就打算再往前走走,看看能不能找一家人家讨杯水喝。

再往前走,眼前是一片桃花林,粉红色的桃花缀满枝头,一阵阵风吹过,桃花香气扑鼻,让人好生陶醉。人走在其中,仿佛置身真正的桃源仙境一般。崔护沿着林中的小路一直走,在他的眼前出现了一个用篱笆围成的小院,小院除了篱笆外还有几间小屋,看起来朴素却又雅致,这种地方正迎合了崔护这种读书人的品位。于是,他决定上门讨水。

崔护敲了几下门,心里想着出来开门的一定是位鹤发童颜的仙翁,但当门打开的一瞬间,崔护惊呆了,因为出来的并非老翁,而是一位打扮朴素的妙龄少女。这女子虽然穿着粗布衣裳,却也难以掩饰她眉间那说不尽的万种风情。崔护一时间竟看得呆了。

少女的笑声打断了他的思绪,原来这个女孩看到崔护的样子有些好笑,禁不住扑哧笑出声来。崔护连忙作揖,说明自己的来意。少女想了一会儿,便将崔护引入屋中,安排他就座后,自己出去打点茶水。崔护看着周围,只见屋子四周都是书,满满地排在书架之上。书架上没有一点灰尘,眼前的桌子上还整齐地摆放着笔墨纸砚。再看墙壁,正中央挂着一副对联,上联是"几多柳絮风翻雪",下联是"无数桃花水浸霞"。从此可以看出这里的主人绝非一般附庸风雅之人,因此,崔护不禁对这户人家感到好奇,想要一探究竟。

少女端来茶之后,也不多说什么,给客人敬了茶之后,自己也在一边落了座,两人之间突然多了些尴尬,静默成为屋内的空气佐料。崔护想:"这样下去不行啊,我得找个话题啊,要不这场面多让人难受。"他搜肠刮肚地想着该说些什么,但红着脸半天只憋出了一句话:"今天天气真好啊。"

姑娘一下子就笑了出来，两个人之间的尴尬局面终于解除了。崔护也不再扭捏，说这里的景色漂亮，没想到在长安郊外竟然有如此的世外仙境，这里绝对是今天自己所游览的地方中最好的了。总之，话语里全是恭维之词，但他的话听上去却十分诚恳，一点也不让人觉得讨厌。

少女坐在旁边听着他在那里侃侃而谈，也不搭话，只是微微笑着。慢慢地，崔护的诗性大发，他把以前那些很有名的游春古诗都评价了一番，然后顿了顿，说他最喜欢诗句是"花开堪折直须折，莫待无花空折枝"，说完之后，他用恳切的眼神看着少女，想从少女的脸上看出她的心思。

这个少女名叫绛娘，从小就是一个心思机敏的姑娘。此刻，一个男子坐在自己的屋子里，说出如此意味深长的话，像绛娘这么聪明的女子，又怎么会不明白他的意思呢。但对于一个知书达理的姑娘来说，又怎么可能会对一个只是刚刚见面的男子的表白做出回应呢。况且她从小到大所受的教育也不允许她在这种时候有半分逾越。因此，即使明白他话中的意思，姑娘也只是羞红了脸，不做任何回应。

想崔护也并不是一个浪荡之徒，他也是饱读圣贤书之人，刚才那种"点到为止"的话已经是他下了很大的决心才说出来的，看到绛娘没有做出回应，自己也不可能再有进一步的举动，因此一时语塞，不知道该怎么办了。崔护在心里想，自己刚才如此大胆，是不是已经让姑娘嫌弃了？

要知道，古代社会里的人认为"男女授受不亲"，此时此刻，孤男寡女共处一室，在当时来说，已经是礼数不全了。也就是在僻野的乡村，并没有人看到，如果是在长安城中，此番行为可以说是大逆不道了。因此，虽然男有情、女有意，却都无法越礼数半步，只能让彼此间的情意慢慢地消散于静默之中。

看看窗外，已经日薄西山，崔护知道自己不能再继续叨扰下去，只好向姑娘道谢后，一步三回头地出了屋去。他不知道，其实绛娘也不想让他离开，只是没有办法说出口，也只能站在院门处，倚在篱笆门上，默默地看着崔护越走越远，直到那让自己爱恋不已的身影渐渐地消失在落满夕阳的地平线。

就这样，本来应该在一起的两个人错过了。这一次的相遇在崔护的眼中和心里可能只是一次邂逅，但对于那个叫绛娘的女孩来说，却相当于她生活的全部。因为除了思念，她平日里也没有什么事情可以去做。少女的心就这样被那个偶然相见的男子给偷走了，但这当中的相思之情，却不可向外人道。

但崔护不一样，他是一个书生，平时每天都忙于功课，日日夜夜都为了能够金榜题名而努力着。春游一遇，可能只是他生命中的一个点缀，过了，也就淡了。因此，那件事和那个女子，就像过往种种的回忆一样，被他压在了心底，不再想起。

时光如水，一年的时间很快就过去了，一转眼就到了第二年的春天。

这一天和去年同样天气宜人，桃花已经开满了城里城外。崔护看着大片大片的桃花，心中好像有什么在悸动，心底有一个人影不住地向上翻腾，他一下就想起了去年在那个仿若世外桃源的地方遇到的那个温婉可人的女子，一种想要见她的情绪在脑海中滚滚而来，无论如何也挥之不去，于是，他做出一个决定，他要再去见一见那个女子。

决心一旦下了，他就马上付诸行动。在对女子的思念和浪费了往日时间的懊悔中，他快步走上曾经熟悉的路。这一次，他无心去欣赏路边的美景，只是一味地赶路，巴不得能在身上插上一双翅膀，赶紧飞到姑娘的身边去。这一路上的种种，仍然是昨天的模样，但此时崔护的心情早已不复当初。

在城外兜兜转转，他终于找到了曾经的那片桃花林，穿过树林，他见到了那曾经的小屋，一切好像都没有任何改变，时间的流逝在这里仿佛不存在似的。而崔护也觉得和绛娘的相遇仿佛就发生在昨天。

走近小屋，他没有像去年那样先敲门，而是隔着篱笆大声地说："在下游春到此，路过此地，想讨杯水喝。"此时此刻他的心里满是涟漪，希望能像去年一样，绛娘缓缓地开门，并半掩柴门地和自己说话。

但过了好一会儿，也不见有人来开门。只有他的声音在空荡荡的林子里久久回荡。他只好又喊姑娘的芳名："绛娘！绛娘！"但还是没有人应声。

他呆呆地站在门前，失了色。瞟到门上，才发现自己是被想见故人的冲动冲昏了头脑，竟然没发现柴门上那把大大的铜锁，竟然一直在那里，像对自己示威一样，告诉自己曾经心仪的女人已经不在这里了。

去年自己曾经说过："花开堪折直须折，莫待无花空折枝。"没想到，竟然还是落得这个下场。风景依旧，小屋依旧，只是人去楼空。但他仍然不死心，没有选择当即转身离开，而是走到桃花树下，坐了下来，苦等着不知道会不会出现的女子。

夕阳西下，已经是家家升起袅袅炊烟之时，姑娘却仍未归还，崔护整颗心都空荡荡的。他推了推院门，门竟然开了，原来那个锁并没有锁住院门。崔护进去之后，他才发现屋子里真的没有人。小屋的窗户还开着，从窗户望进去，还是去年的样子，笔墨纸砚就摆在窗前。崔护也顾不了许多了，手从窗户伸入，拿出了笔墨，在房门上挥笔作下了那首著名的《题都城南庄》。其实，这首诗并不是一蹴而就的，而是经过了他的反复雕琢，才终成这首千古名诗。"去年今日此门中，人面桃花相映红，人面不知何处去，桃花依旧笑春风。"写下这首诗之后，崔护就快快地离开了。

回到家之后，崔护的心里更加难受。之前走的时候他并没有这么思念这个女子，但此番未见伊人面，却令他备感想念。他在心里猜测着女孩去了哪里。院门并未紧锁，窗户也没有关严，人应该没有走太远。那么她去了哪儿呢？扫墓？探亲？春游？或者，她已经嫁人了？一想到这种可能，崔护的心里就揪得疼了又疼，绛娘那姣好的容貌不时地浮现在他的脑海中，即使在梦中，也是打开柴门的绛娘正站在那里对着自己笑着。在这种心绪下，他想要读书，那是真的不可能了，甚至连平日里的饮食都觉得寡然无味，难以下咽。如果再这样下去，估计自己会寝食难安。于是，他决定再次去拜访，以解自己的心结。

这次他并没有耽误太多时间，可能是之前已经摸熟了路，这一次他很快就到了小院门前。还没等他敲门，他就听到从院子里传来老翁的阵阵哭声。这是何人在哭，为何事而哭？他心头涌出一种不祥的感觉，不禁加快脚步。害怕自己太唐突失礼，他并没有马上进去，而是在门外高声问屋里

△图为清朝吴友如绘《人面桃花相映红》

发生了什么事情。

　　过了不一会儿，有一个头发已经花白的老人拄着拐杖颤巍巍地走了出来。泪水仍然模糊着老人的双眼。他泪眼婆娑地上下打量着崔护，发出一句疑问："你可是崔护，崔秀才？"眼前的老人竟然知道自己的名姓？这当中是否有什么因由？他躬身施礼道："小生正是崔护，崔殷功。这位老伯是哪位，竟然识得在下？"

　　一听到崔护的名字，老人家的眼泪又流了下来，带着哭腔说："你这个杀人凶手，凶手啊。"崔护一惊。自己并未见过此人，更何况是杀人，这都哪儿跟哪儿啊！崔护的心里十分难受，只好向老人家询问。

"老人家，你说我是杀人凶手，那我所杀何人啊？"

老人悲愤地说："你杀了我的女儿，我那唯一的女儿啊。"

崔护心头一颤，声音竟然开始发抖，问道："你女儿可是芳名为绛娘的女子？"听到崔护提起自己女儿的闺名，老人家痛哭失声。好久才平复了情绪，缓缓道来。

"绛娘正是我的小女，今年十之有八。我从小就教她识文断字，可以说她是知书达礼，算年龄，已该婚配，我找人要给她做媒，说好一门亲事。但是她说，自从去年春天见过一个叫崔护的年轻人之后，便根本没有办法再接受第二个人。她也在心里认定你若对她有意，一定还会再来拜访的。只是她等了又等，盼了又盼，一年都过去了，却也没见你再次登门。她心里已经做好了放弃的打算，收拾东西要去亲戚家散散心，小住几日。没想到就是这几天，你来了。小女归家之时，在门上看到你所题的诗，突然明白她在这几天里错过了什么。也想着估计今生今世再没有机会见你一面了，于是日日以泪洗面，郁郁寡欢，终于一病不起。我这个人已经老了，没有什么指望了，原想着能给女儿找个好人家嫁了，让她有个依靠，可现在她为你相思成病，正是你这个杀人凶手杀了她。"老人家边说边流泪。

崔护听了这番话，好像被雷劈中了一样，呆呆地不知如何是好。本来以为两人仅仅是萍水相逢，虽然自己心为所动，但没想到那女子用情竟然比自己还深，而自己竟然浪费了一年的时间，辜负了绛娘的情意和期待，突然感到自己的心有种被撕裂的感觉。他喃喃地说："去年春游，路过此地，和小姐讨水有了一面之缘。但因小生忙于备考，未能及时再来相见。前几日也是思念得紧，就想来再见小姐一面，但未承想扑了个空，于是我题诗即返。但归家后也是心神不宁，这才有今日特又到访之事。只是没想到竟然因我而使得你家遭逢此种变故。我要去见绛娘一面，如果她就此死去，我也不能独活，自是随她而去了。"话音未落，他就顾不得礼仪，直奔绛娘的闺房。然而床上的绛娘却已然没了气息。那张美丽的脸庞，此刻仍存余温，看着被自己辜负的女子，想着自己浪费的光阴，崔护不禁悲从中来，声泪俱下，摇晃着绛娘说："小姐先走一步，崔护马上就随你去了。"边说眼泪边一滴滴地打在绛娘的脸上。

也许是老天也不忍看到这种场面，也许是绛娘的痴情感动了老天，也许是崔护的哭喊叫醒了上苍，奇迹发生了，绛娘竟然咳了一下，吐出一口气后，苏醒过来，模模糊糊地看见眼前站着一个男人，恍忽觉得是崔护，心中感慨万千，把自己的脸深深地埋进了崔护的胸膛。

跟着进来的老人家一看这情形，欢喜异常。连忙去给绛娘准备粥水，让崔护喂她吃下之后，安抚着她睡去。崔护心里也是十分高兴，他和老人家说，自己此次定不会再次辜负绛娘，此番回家后，定向父母禀明此事，备下三书六礼，择一良辰吉日，用八抬大轿，明媒正娶，迎娶绛娘过门。

其实在古代，很多人家还是十分看重门当户对的。像绛娘和她的父亲这种身份不明之人，是很难嫁到崔护这样的好人家的。当崔护回到家里，将自己与绛娘的事情说明之后，崔护的父母并没有反对。因为崔护的家里还算开明，父亲也是读书之人，母亲也深明大义，二位都明白自己的儿子和绛娘乃是两情相悦，因此他们感念两人用情至深，事到如今也不能棒打鸳鸯了。虽然绛娘背景身份不明，但为人温婉善良，知书达礼，也像是受过良好教育的女子，便也未对此事提出异议。

挑好了日子，崔护便将绛娘迎娶进门。对于绛娘的父亲，崔家也对其进行了很好的安排，让他得以安享晚年。老人始终不愿意说明自己的出身来历，崔家也并不追究。自从娶了绛娘以后，家里的日子过得和和美美的。绛娘温柔贤惠，孝顺公婆，和自己的邻居处得也相当好。夜里崔护挑灯夜读，绛娘在一边陪伴，还给崔护准备宵夜。在她的细心照料和陪伴下，崔护的学业可以说是一帆风顺，终于在唐贞元年间进士及第，被皇上任命为官。之后他的仕途一片平坦，官至岭南节度使。由于妻子贤德，常常在一些事情上辅佐他，他一直都是一个清如水、明如镜的大清官，并且政绩显著，很受当地百姓的爱戴。

好了，这么长的一个故事终于讲完了。大家看过之后是不是觉得心情还不错？毕竟这是一个才子佳人大团圆结局的故事，不管是谁看了，都会替故事中的人感到高兴的。从唐朝开始,这种才子佳人的故事就越来越多地在社会上出现。据说是因为从隋朝开始的科考制度使得很多才子从全国各地到京城赶考,才子佳人相遇的机会也就大大增加了。这些才子有的时候能遇到皇家的赐婚,有的时候能够遇到自己可心的女子,并与之成婚,总之,因为这些才子的存在,唐人的婚姻圈慢慢地扩大了。而且在唐朝时期还有很多的外国人拥入,他们与汉人一起居住在全国各地,也将一些才子佳人、鬼怪灵异的故事在唐朝传播。从古时候流传下来的故事看,那个时候人们的婚姻圈和社交圈并不比现在小,甚至可能已经超过今天了。

(二)结婚真不容易啊 | 结婚篇

自由恋爱?白日做梦! | 父母之命,媒妁之言

之前,我们已经说到了谈恋爱,并且提到唐朝时期,男女的交际圈由于种种原因变得比以前大了很多。我们都知道,人们在谈成了恋爱之后就得结婚,所以这回我们就来讲一讲唐朝的婚姻问题。

一提到结婚,现在恐怕已经有很多男人开始龇牙咧嘴地表示不满了。总会说现在这些女人太不好娶,不但要求长相不错,还要求有房有车,工作稳定,月入高,彩礼丰。娶个媳妇,真是太难了。行了,你啊,就不要再抱怨了,要知道现在结婚真的比古代的时候强多了,所以你就知足吧。就算是在最时尚的唐朝,想结个婚那也和扒层皮差不多了。

想想现在的婚礼也并不是十分复杂,甚至在很大程度上还可以根据自己的性子来。一般婚礼也就是找家大饭店订上几十桌,之后再请来各路亲朋好友共聚一堂,祝贺两位新婚;或者只有两家人在一起,吃个饭也就可以结婚了;或者想来个浪漫的,在教堂穿着婚纱来一场西式婚礼,然后一群人在草地上来个自助餐;再或者……好了,好了,这种关于婚礼的点子,

还是留给那些婚庆公司来想吧。看看，我们现在有这么多可选择的东西，就算要求提得多一点，这样那样的事情烦琐一点，忍忍也就过去了，又能怎么样呢？可要是放到古代，你还想凭着自己的性子准备婚礼？白日做梦吧！

唐人虽然前卫，但是在结婚这种人生大事上，人家也没有那么前卫，对说亲、下聘、娶亲这些步骤，那可都是相当重视的。你以为就是简简单单的一个形式就完事了？那是不可能的，人家有人家的风俗习惯。看大家这个样，笔者觉得还是详细地讲一下，免得哪天不小心穿越过去了，然后看上哪家姑娘了，提亲了，又嫌人家事儿多悔婚，到时候你可就不会像现代这样，说不结就不结那么轻松了。

话说，现在没看过古装剧的人恐怕是不存在的吧。那么大家有没有发现，在古装剧中只要一涉及婚姻问题，总会有一句大家耳熟能详的台词：但凡婚姻大事，都是父母之命，媒妁之言，岂可当儿戏？这句话我们总能听到，因此定然也让大家以为，在古代，要是没有爹妈的应允，没有媒人保媒，想结婚估计那是万万不可能的了。但不要忘了，我们现在所讲的这个朝代是唐朝，是那个在历史的长河中留下了浓重一笔的唐朝，怎么说它也是有一些先进性的。那么在结婚上面，唐朝会不会也和其他的朝代一样那么死板呢？

这件事要先从国家法律条文的层面说起。在唐朝的时候，由于其处于我国封建社会发展的高峰阶段，高度发达的政治、经济、文化为其婚姻礼俗形式奠定了基础，也因此唐代婚姻制度较前代更加完备和丰富。在唐朝时期就已经有明确的法律条文规定"为婚之法，必有行媒"，这在《唐律疏议》中是有着详细记载的。而到了民间，大家也都认可"无媒不得选"这种风俗习惯。不过，虽然说上面有各种各样的规章制度，民间也有这样那样的要求，但真搬到现实中来，总会有特别的事情发生的，特别是在大唐朝那种开放的社会风气、前卫的思想面前，即使不用媒妁之言而结婚的可是大有人在的。

举个例子来说吧，在《开元天宝遗事》中，有一段关于李林甫嫁女儿

第七章 唐人的婚姻观

△图为莫高窟445窟盛唐婚嫁图。由敦煌学专家从敦煌石窟的壁画中发现，在现存的5万多平方米的壁画中，至今保存有40余幅古代"婚嫁图"，这些"婚嫁图"起于8世纪的盛唐，终于10世纪的宋初，时间跨度有200多年

的事。李林甫这个人是什么样的，在这里我们就不多讲了，相信了解历史的人都知道。现在单讲他嫁女儿这个事儿。书中记载："常日使六女戏于窗下，每有贵族子弟入谒，林甫即使女于窗中自选可意者事之。"这在制度森严的古代，可算是个突破了。要知道古代的女子都是大门不出，二门不迈的。能够常常在窗户外面玩，到最后甚至还让她们自己挑选丈夫，这可算是个大突破了。李林甫虽然不是个好丞相，但在对待女儿这一方面，可也算得上个开明的老爹了。所以，如果你穿越到那个时代，又当了官，没准还能娶到这位丞相大人的六个女儿中的一个。

什么？你说从书中内容来看，有入选资格的分明都是有钱人家的孩子！废话，人家那是丞相家的姑娘，就算没有什么媒妁之言，你以为就不用门当户对了吗？一个穷鬼还想娶丞相家的女儿，那是才子佳人小说和电视剧里才会出现的桥段,就算人家不较这个真儿,你也未必能合了人家的心意。哪像现在啊,有些穷小子,如果姑娘真的喜欢,还能当个"凤凰男",那个年代这种机会可是少之又少的。但就古代而言,唐朝一些厉害的人所做的事情,也算是走在时尚的前头了。

除了"媒妁之言"之外,其实最不容易过的还是"父母之命"这一关。那时候和现在不一样,现在的家长要是不同意,姑娘还能闹闹意见,估计一来二去的,也就成了。因为爹妈不同意结不成婚的,在现在怎么说也是少数。但在唐朝不一样,在那个女子必须"在家从父"的年代里,爹妈不同意就嫁人,那不只是要被人戳脊梁骨,甚至还是违法的。因为在《唐律疏议·户婚》中明文规定:"诸卑幼在外,尊长后为定婚,而卑幼自娶妻,已成者,婚如法;未成者,从尊长,违者杖一百。"看到没有?要是不听话,就得挨一顿板子:"让你不听话,让你不听话!"

但是,从上面的法律条文中我们也能看出来,这里面还是有较为人性化的一面的,即如果没听爹妈的话,两个人独自跑到外面拜了天地,成了亲的,政府也会承认你的婚姻是合法的。这样看来,摆明了就是在告诉大家,结婚这件事,要是先斩后奏,那也是可行的。这样说起来,也相当于婚姻自主了。可见,唐朝还真的是相当开明的年代,不愧是古代的时尚大国,连法律也制定得这么有人性。如果你再往后看,就会发现唐朝婚姻观的开放程度已经完全出乎你的意料了,说不定你还会惊得吓掉大牙呢。不过,这都不是现在我们要讲的事情,我们还是接着来讲结婚吧。

前面我们提到,现在想结婚,女方常常要求男方有房有车什么的,有些人觉得不满意,认为自己结一次婚,就好像吃了很大的亏。其实能够说出这话,那是你还不知道在古代结婚是有多么复杂,多么费劲。

在讲崔护的故事的时候,我们也说过,崔护备好了三书六礼上门求亲。那么什么是三书六礼呢?

说到三书六礼,这种结婚的传统由来已久,最远可以追溯到西周的时候。在《礼记》中记载:昏礼者,将合二姓之好,上以事宗庙,而下以继后世也,故男子重之,是以昏礼纳采、问名、纳吉、纳征、请期,皆主人筵几于庙,而拜迎于门外,入,揖让而升,听命于庙,所以敬慎重正昏礼也……敬慎重正而后亲之……父子有亲而后君臣有正,故曰昏礼者,礼之本也。"另外,在《仪礼》中也记载:"昏有六礼,纳采、问名、纳吉、纳征、请期、亲迎。"

大家看到上面那一堆文言文可能已经蒙了,心中还在想这云里雾里讲的都是什么玩意啊?其实这段话说白了就是在讲古代结婚的种种烦琐的步骤。在这里也只是想告诉大家,结婚是一件十分不容易的事情,而且造成这种不容易的各种礼俗由来已久,早在西周的时候就已经是那么麻烦了。当然,也有人说是从秦朝才开始的。但咱不管起源到底是什么时候,至少可以证明一件事,就是结婚从古至今就没容易过。而今天的婚礼,已经是我们简化了很多之后的模样。

那么唐朝是不是也要遵守三书六礼呢?这点是肯定的。虽然有一些不遵守这种礼法的人存在,但是放眼整个社会,能够遵守礼法的人还是占大多数的。那些特立独行的,我们可以称之为前卫,但他们还是不合礼法的。

今天结婚还嫌烦琐?看看唐朝吧! | 三书六礼

那么,我们现在就来详细地讲讲什么是"三书六礼"。所谓的六礼,就是上面说的在《仪礼》中记载的纳采等六件事。

纳采,是指男方家请媒人到女方家去提亲,这就和前面的"媒妁之言"合得上了。而采,当然就是彩礼了。那时候准备的彩礼可比现在多得多,不单是钱这么简单的事情。钱那是后来的事儿,在提亲的时候就得先给人家送礼物。这礼物要送三十种左右,而且这些礼物还不是随随便便什么都行的,只有象征吉祥意义的才可以。而这个时候,媒婆要自己去女方家凭自己的一张嘴说合此事,女方也可以在这个时候打听对方的家庭背景等事情。不过,也有些不讲究的媒婆,因为收男方的钱收得比较多,所以在对方询问的时候不讲真话,只说男方的好处。而后,当女方嫁过去之后才发现男方有这样那样的问题的情况也是常有的。

问名，是指男方家请媒人到女方家问女方的名字和生辰八字。问生辰八字这件事情在这里我就不详细解释了，而问名字这件事，是为了防止同姓的人结婚。为什么这样做呢？关于这一点，在之后有关唐人禁止结婚的情况有哪些里面我们会讲到，所以在这里也就不多说了。反正说到底，这也不过就是六礼里的一道程序。

纳吉，是说男方得到女方生辰八字之后，找一个高人来测算，看看两个人的生辰八字是否相合。纳吉也叫过文定，当男方对测算的结果满意之后，便会赶紧准备彩礼，并让人告诉女方，咱们这事差不多就算成了，做好准备，我们要送彩礼把这事定下来了。

然后，就是纳征了。纳征也叫"纳币"，还叫过大礼，就是送聘礼，也就是彩礼了。很多人家纳吉和纳征常常是一起进行的，这一过程也可以说是整个结婚过程中重要的一环。这一过程需要男方把聘书和礼书送到女方家里，在大婚前一个月或者两个礼拜的时候，男方家会请两至四位女方家的亲戚，把媒人约上，带齐彩礼到女方家，这个时候，女方也得回礼意思一下才行。

结婚的事情定下来之后，就得选日子了，也就是请期。一般这种事情都要找大仙一类的人占卜过后，才能定下来。没办法，我们现在结婚也要挑日，更何况是在古代呢。

这一系列的事情都做完了，终于可以亲迎了。从字面上理解，就是亲自迎娶的意思。一般到了这一步，婚礼就差不多要完成了。当然，堂前悔婚的不在我们说的这种范围内，那在古代不是一件容易做到的事情。

在唐朝的时候，只有以上这六礼都具备了，这段婚姻才算是成立了。古人说："六礼备，谓之聘；六礼不备，谓之奔。"可见六礼在当时的重要性。如果不是六礼娶妻，是不算明媒正娶的，虽然唐朝开明，承认私奔的双方婚姻的合法性，但在别人的眼里，未经父母之命、媒妁之言，又不是明媒正娶的，就是私奔苟合，会被人家用唾沫喷死的。

说完了六礼，我们再来说说三书。

三书就是在结婚过程中要用的文书,也就是书面记录。在那个时候,没有民政局这样的部门,要想婚姻有保障,就靠着这三书呢。这当中包括聘书、礼书和迎书。

聘书是定亲用的文书,是在"纳吉"的时候男方给女方的文字记录。礼书是在过大礼的时候,列出彩礼都送了些什么的文书。对于礼书的用途笔者认为它至少有一点好处,就是在退婚的时候不会赖账,该还什么就得还什么。不像现在,有的人收了彩礼后又悔婚,而礼金到底给了多少也说不清楚,还是白纸黑字写下来比较保险。迎书,当然就是迎娶新娘的时候男方送给女方的文书了。

除此之外,还有一张很重要的纸,就是婚书。这纸婚书就相当于现在的民政局发给我们的结婚证,没有它的婚姻是不受法律保护的。你想离婚,或者想证明自己是正妻,都是很难的事情。

之前,我们的考古队曾在敦煌挖出了唐代的婚书,由此也大致了解了那个时候的结婚证是什么样子的。男方礼请的是通婚书,女方的许诺是答

▽图为莫高窟第85窟中的迎亲图,所绘时间为晚唐

婚书。即"皆两纸真书"。"真书"是指楷书，那个时候重要的文件都是用楷体写成的，为了表示文件的重要性。

那个时候写婚书有点像我们现在的公文写作一样，有固定的格式和模式化的套话。婚书包括男方和女方家长互相的问候，语言模式也就和我们的"特此通知"一类的套话一样，不过用什么"久仰大名"啊，"倾慕已久"啊这一类的用语。

然后才是"别纸"，"别纸"上写的才是婚书的主体。里面的主要内容是主婚人与订婚人之间的关系；男方叫什么，女方叫什么；分别都是多大年龄；男方怎么求婚啊，女方怎么应允的，都一一写在上面。从出土的婚书看来，大概是这样的格式：

某自第几男（这地方不一定非得是儿子，也可以是弟弟啊，侄子啊，是谁结婚，标明和主婚人的关系就行。）年已成立，未有婚媾。承贤第某女（这里和前面是一样的），令淑有闻，四德兼备，愿结高援。谨同媒人某氏某乙，敢以礼请。若不遗，伫听嘉命，某自。

某自第几女（同上），年尚初笄，未闲礼则。承贤第某男（同上）未有伉俪，愿存姻好，愿托高援。谨回姻媒人某氏，敢不敬从。某自。

这样一来一往，婚书就算写成了，也就相当于去民政局领过红本了，大家不用再担心自己的婚姻不受法律保护。也正是因婚书对于男女两家来说都是极其重要的，因此，大家在写婚书的时候也都十分谨慎。据说在当时还有仪式："切须好纸，谨楷书，紧卷于函中。函用梓木、黄杨木、楠木为之。函长一尺二寸（象八寸弟子），函阔一寸二分（象十二时），函板厚二分（象二仪），函盖厚三分（象三才），函内阔八分（象八节）。"盖好后，"于中心解作三道路子，以五色线缚"。怎么样，听着迷糊吗？结婚是不是挺闹心的？现在不过是请客吃个饭，就叫唤着闹心了，你要真生在唐朝，还不得想死的心都有了？

现在在上网、上论坛或者看新闻的时候，我们也常常能看到，有些人家已经过了彩礼，最后却由于种种原因导致两家翻脸，婚结不成了。甚至还有在婚宴当天因为某一方的悔婚，而导致两家大打出手的，真是太丢人了。在唐朝，过了彩礼，然后悔婚，说咱不结了是没有那么容易的。因为唐律中规定："诸许嫁女，已报婚书及有私约而辄悔者，杖六十。虽无许婚之书，但受聘财亦是。"看见没有，现在这些结婚的闹剧要是放到唐朝，可不是说给人家退彩礼那么简单的事儿，屁股挨一顿板子那是少不了的，六十板子啊，身子骨要是不好的话，很容易就会死于棍下的。

结婚搁到唐朝也不是容易的事儿｜婚礼习俗

好了，好了，别再抖了，害怕也没什么用，只要你不轻易悔婚就不会挨打了。现在还是让我们接着往下说吧。现在前面的手续都已经办完了，接下来就到了大喜之日了。咳咳，别乐，别乐。一听说要迎亲了，你是不是第一个就想到洞房了？跟你讲，你可别想得太好了，因为从你迎新到你入洞房的这段时间，还有很多让你头大的事情呢。不信？不信我们就来看看。

现在的婚礼基本都从上午开始，到了中午基本就已经结束了。当然也有一些有个性的人喜欢把婚礼放在晚上举行。在晚上办婚礼，在如今好像是一件很前卫的事情。但是在唐朝，结婚这件事就是在晚上进行的，想想是不是很时尚呢？

到了晚上，你就要去迎娶新娘子了。一想到这里，估计你还在暗自高兴，心想这要是在现代，迎娶新娘的时候肯定会有新娘的姐妹堵在门口给你出难题，可现如今你已经穿越到了唐朝，终于可以和她们这些人说再见喽。唉，劝你还是别高兴得这么早。俗话说，希望越大，失望就会越大。恐怕你还不知道在当时还有一种叫作"下婿"的风俗习惯，和我们今天给新郎出难题差不多。只不过啊，我们如今所出的题和当时那些题的难度根本就没有办法比。也就是说，你想不受新娘亲友团的刁难，很容易地把新娘接到手，这根本就是你自己的一厢情愿。按照当时的那些题的难度，估计你如果不提前做好准备，那保准会哭着喊爹娘来救你，求着人家放过你了。

为什么会这么说呢？在《封氏见闻录》中有关于这方面的记载："近

代婚嫁有障车、下婿、却扇及观花烛之事。"可见"下婿"在当时是非常流行的一种做法，几乎家家娶新娘子都会做这些事情。而到了唐朝时，因为受到"胡人"的影响，中国的婚礼习俗也有了一些显著的变化。因为当时汉族都是男尊女卑，而外族并不是都如此，因此为了让女子嫁入男方家中之后男方不要那么盛气凌人地欺负女方，产生了一种刁难新郎的风俗，这就是我们所说的下婿。

和今天的姐妹团堵门一样，那个时候也要通过语言和行动对新郎进行各种考验，如果考验不通过是不会轻易放行的。而关于这些有明确的历史记录的就是唐朝，要不怎么说唐朝就是能与时俱进呢，我们现在结婚时挡门，还是跟人家学来的。

当然，当时的下婿可真不像我们今天这么容易。简单一点、文雅一点的有"催妆"、"却扇"和"障车"。

根据史料记载："夫家领百余人挟车，俱呼曰：'新娘子催出来！'齐声不绝，登车乃止。"这就是上面所提到的"催妆"。但这可真不是说一帮人在那叫唤几声就行了。而是指由新郎自导自演、自编自唱《催妆诗》。诗的内容一般都是什么咱俩郎才女貌啊、天作之合啊一类的。唐朝卢储有首很著名的"催妆诗"："昔年将去玉京游，第一仙人许状头。今日幸为秦晋会，早教鸾凤下妆楼。"还有徐安期的："传闻烛下调红粉，明镜台前别作春，不须满面浑妆却，留着双眉待画人。"这些都是在当时很著名的"催妆诗"。而新娘子听新郎这么夸自己，心里早就想着和心上人结为连理了，在听到自己欣赏的诗之后，就可以出来应允，随夫家上轿了。所以，大家如果穿越到了唐朝，还想娶媳妇的话，就要掂量掂量自己有没有那个文采，能让新娘子跟你走了。

而"却扇"是什么呢？在唐朝的时候，还不流行盖盖头。那个时候都是用一把扇子把脸遮住，来掩饰自己的羞怯之情。等到婚礼结束的时候，新郎还得作却扇诗，才能让新娘把自己手中的扇子取下。据说，之所以有这种风俗，是因为在上古的传说中有伏羲氏和女娲氏两个人结为夫妻的说法，而在这个过程中这二位"结草为扇，以障其面"，后来的人为

201 | 第七章 唐人的婚姻观

△图为榆林窟第 25 窟的婚礼场面

了追求这种时尚,就让新娘子手拿扇子。

说到"却扇诗",也有很多的佳作。比如李商隐的:"莫将画扇出帷来,遮掩春山滞上才。若道团圆似明月,此中须放桂花开。"还有杨师道作的《出霄看新婚》:"洛城花烛动,戚里画新娥。隐扇羞应惯,含情愁已多。轻啼湿红粉,微睇转横波。更笑巫山曲,空传暮雨过。"这首诗写得很传神,把新娘子躲在扇子背后,等待新郎来拿那手中之扇的妩媚、期盼描绘得淋漓尽致。所以，要是自己文笔不行，又不肯请人来给自己写点什么的话，想看看新娘子的容貌可是没那么容易的。

最后还有一种叫作"障车"的风俗。说到这个障车，其实和我们现代的闺密堵门，直到新郎拿出红包才放行的形式有些类似。因为大唐是个诗歌大国，所以那个时候的障车会让新郎作个障车文。只有新郎的障车文让大家满意了，才会放行，让新郎将新娘接走。其中最著名的就是晚唐诗人及诗论家司空图作的障车文："两家好合，千载辉光，儿郎伟且子细思量，内外端相，事事相亲，头头相当，某甲郎不夸才韵，小娘子何暇调妆。甚福德也，甚康强也……满盘罗馅，大槛酒浆，儿郎伟总担将归去，教你喜气扬扬；更叩头，神佛拥护，门户吉昌，要夫人娘子贤和，会事安存，取个国家可畏忠良！"这篇文章通篇都是代表吉利祥和的文字，很是让那些听文的人感到开心，所以也更容易让人放行。

上面说的那些，都是"雅"类的下婿，只要你肚子里不是空空如也、大字不识，总还是能够应付过去的。新郎最怕的就是遇到那些不按常理出牌，不跟你来这些文绉绉的，直接玩儿俗的人。

一般这种情况都是新郎到了女方家之后，女方的亲友用各种方法来戏弄新郎。好一点的只是在口头上开些玩笑，或者用各种行动来耍戏新郎。虽然不是什么雅事，但是却让整个婚礼变得特别热闹有趣。有一些就会让新郎遭罪了。比如说在新郎进门的时候，要给女家亲友"利资"，也就是红包。然后还要行叩拜礼，新娘的家人会事先在红毡下放上一些尖锐的硬物，新郎叩头的时候会被扎得很痛，却又不能叫出声来，只能忍着疼痛行完叩拜之礼。

这之后，新娘家人会给新郎端上一碗有讲究的汤水来款待他。为什么会说这碗汤水中有讲究呢？那是因为这碗汤水要不然就是甜得让你受不了，要不然就是咸得让你受不了，要不就是汤里面放了各种调料，什么味道都有，可以说是五味杂陈。其实这也含着让你品味人生五味的寓意。

其中最著名的是"三元汤"，汤里面放了鱼丸、肉丸和汤圆，意思是希望新郎可以连中三元。你想啊，鱼丸和肉丸都是咸口的，鱼丸中还有点腥味，而汤圆可是甜口的，这三种东西放到一起能有什么好味道呢？这种汤简直就是又油、又咸、又甜。不过新娘家就是想看新郎在吃这碗汤水的时候犹犹豫豫，想吃又难以下咽的那副囧样。

虽然说新娘和岳父岳母都不希望新郎在这种时候难堪，但是那些过来凑热闹的亲戚却不这么想，他们可是只想热闹快活，因此每个人都会绞尽脑汁地想出一种能够戏弄新郎的方法。所以，如果你娶的不是什么知书达礼人家的闺女，而只是普通百姓家的闺女的话，去之前就得做好被人戏弄的准备了，只有抱着"打掉牙齿往肚子里咽"的想法，才能顺利接出新娘。另外，即使真的遇到了什么让自己在脸面上过不去的事情，也绝对不可以给别人脸色看，要时时刻刻记得自己是一个大方的人，否则，你将会成为新娘这边的人茶余饭后的谈资的。

其实上面说的这些也算不得什么，还有更厉害的，有一些人家的习俗甚至是用棍棒来打人。传说竟然真的有因为下手太重而致残致死的。咱说这好好的媳妇儿没娶着，还赔了夫人又折兵，这可就得不偿失了。所以奉劝各位千万不要抱着侥幸的心理去唐朝娶媳妇儿。

总之，说一千道一万，不管在什么朝代，娶媳妇儿都不是那么容易的事儿。但男当大婚，女大当嫁，到了结婚的年龄该结还是得结。这古代有很多人在结婚之前连自己未来的丈夫或妻子长什么模样都不知道，就前赴后继地去结婚。现在都是自由恋爱，你情我愿的，又何必因为酒席、房子、车子等事情搅了大好的姻缘呢？

（三）离婚不算事｜离婚篇

我是男人，所以我想不跟你过就不跟你过还是很简单的｜七出之条

讲完结婚再讲离婚好像并不是一件美好的事情，但有些事情还是要勇敢面对的。咱说这两口子因为种种原因过不下去了，也不能就一直那么凑合啊。否则这样长久下去，不管是对自己还是对家人来说都是一种伤害。如果两个人的婚姻还有缓和的余地，那么两个人最好还是往好了过，但若是两个人的婚姻已经走到了尽头，那么最好的解决办法就是离婚，结束这段不幸福的婚姻，便是最明智的选择。

当然，我们所说的是现代社会的情况。在封建社会，想要离婚那是不可能的。但这种情况也仅限于妇女，因为男人如果觉得自己的老婆不好，可以三妻四妾来弥补自己心灵上的空虚，但如果是女子觉得男方不好，除了忍之外，也还是只能忍。男人可以妻妾成群，但如果女子找了几个男人，那就是不守妇道，不够贞洁。另外，如果男人不喜欢自己的妻子，还可以选择休妻。

我们刚刚说的都是古代社会的普遍现象。现在我们回到唐朝，来看看这个时尚界里的先锋。唐朝是走在时尚的前沿的，那它当时的社会风气肯定是相当开放的。因此，唐朝的婚姻制度并不像其他朝代那样刻板、死气沉沉。相对其他朝代来说，在唐朝女子的地位还得到了历史性的提高，因此无论是离婚还是再婚，在当时的唐朝来说，都不是一件难事。

其实在唐朝也有婚姻法，婚姻法中甚至还规定了要实行一夫一妻制。从某种程度上来说，丈夫只能拥有一个合法的妻子。但咱们中国的语言博大精深。法律条文上说的是，拥有一个"合法"的妻子。而这里的合法，就是像我们前面所说的那种明媒正娶，过了三书六礼，两家人有婚约为誓，男方用八抬大轿热热闹闹地将新娘抬进门的这种才叫"合法"，也就是正妻。而其他的只能算是妾，在家里不管是地位还是其他方面都比正妻要低得多。而且妾是可以随意买卖的，在唐人的眼里，妾并不能算是妻子，只能算是填补男子心灵空白的一种商品，因此并不受法律保护。我们接下来探讨的是正妻的问题。

唐朝时期其实并不太主张丈夫和妻子改变基本的婚姻状况，一般都认为两个人是应该白头偕老的，正所谓"生同床，死同穴"，也就是活着的时候在一起，死了的时候还要葬在一起。其实不只是在唐朝，自古以来，这种爱情都是痴情男女们苦苦追求的，"愿得一心人，白首不相离"

这种童话般的生活，有谁不想要呢？但理想终究是理想，而现实也只是现实，当理想遇到现实，往往会变得不堪一击。

爱情这种东西更是如此。

那么，如果真的过不到一起了，要怎么办呢？当然是离婚了。在唐朝，夫妻之间的离婚方式有以下几种，即出妻、义绝和离三种方式。

出妻，这种方式还是比较偏向于男人的，可以说是男子专权的一种表现形式。所谓的出妻，这种说法你可能不大明白。但如果我们说"七出之条"，恐怕你就会有种恍然大悟的感觉了。这不是我们常常在古装电视剧中听到的"专业名词"吗？正是如此。我们在看古装剧的时候，一般在演到男子要休妻的时候，妻子都会哭哭啼啼地说："相公，我并未犯'七出之条'，你何以想休我。"这里所说的"七出之条"，就是"出妻"。

在七出之条中，最重要的一条就是"无后"。所谓"无后"是指妻子由于种种原因，不能给夫家生个孩子来存续夫家的香烟。在古代人看来"不孝有三，无后为大"，传宗接代在中国人的眼里是个很重要的问题，这点不只是在古代，即使在今天，在有些地方，那些没有孩子或者没能生出男孩的女人，在家里的地位也是相当低的。反正因为这种想法的存在，古往今来害苦了很多女子。但在医学发达的今天，我们都知道生男或生女，主要取决于男人，而不是女人。但在蒙昧落后的古代，老人家并不管这个，也不知道这种原因，那时候的人们，只要家中的女人没有生出孩子，或者没有生出他们梦寐以求的男孩，他们就会瞧不起这家的女人，而让男人休了她。

但这种时候休妻也并不是那么容易的，而是有一个年龄的限制。即到了49岁的时候，仍然没有生出儿子，那么就对不起了，男人要休了你了。然后，这时妾就可以发挥作用了。如果一个男人对自己的合法妻子还有感情，他可能会选择娶个妾，如果妾生了一个儿子，就不用休妻了。看看，这时候找个妾是多么名正言顺，而且还好像是为了女方好。这么一看，那些描写穿越到古代的小说中男人回去后就三妻四妾的，正是男人心理的真实写照啊。

　　第二个休妻的理由是不孝顺父母。对于这点，其实笔者还是相当同意的。只要不是丈夫毫无原则的愚孝，老人不是倚老卖老不讲理，作为子女的孝顺老人是应该的。如果丈夫和丈夫的父母都是老实人，对什么事情都不加挑剔，这种时候女人还蛮不讲理，对老人不好，即使被休也是活该。

　　另外，如果女方淫乱，丈夫也是可以休妻的，这个不用说我想你也可以理解。我想在这个世界上，定然没有一个男人愿意自己每天活得像忍者神龟一样，天天顶着绿帽子生活，毕竟我们又不是武大郎。别说男人了，就算是女人知道自己的丈夫常常在外面和人鬼混，心里也会很不舒服的。

▽图为敦煌藏经阁出土的北宋绢画，描绘的为古代分娩、浴儿的场景。古时候的人很重视子嗣问题，如若女性嫁入夫家久无所出，很有可能会被夫家休弃

所以这种休妻的理由，我个人觉得很妥当。但是，古代对女人还是不公平的，不管什么都是对女人严格要求，对男人的要求则少得多。什么娶妾啊，在外面鬼混啊，在家里的女人只能忍耐，这就不公平了。

第四个休妻的理由，叫多言。就是说如果一个女人整天和一群女人聚在一起，不干正事儿，只知道坐在大树根儿底下扯人家闲话，很遭人讨厌。特别是有事没事就和别人说自己的丈夫这不好，那不好的，或者说自己的公公婆婆这样那样的，在这种情况下，男人也是可以休了她的。

第五个理由，在笔者看来，就比较荒唐了，就是善妒。这个条例完完全全是对男人的保护。咱说男人娶了小老婆，整天也不见正妻，跟小老婆甜言蜜语，面对妻子的时候，就横眉冷对，换任何一个人都受不了。凭什么男人就可以在外面鬼混，而如果女人这样，就叫淫乱？凭什么男人在娶了小老婆之后，正房不能反对，不能吃醋，更不能妒忌？拜托，你当时娶的是个普通的女人，如果对自己的妻子有诸多要求，还不如去娶个圣人。

在唐朝的时候，唐太宗把自己的两个美若天仙的宫女赏赐给了自己的一个大臣。这个大臣的媳妇一听就不乐意了，虽然这两个宫女进了大臣家的门，但他的媳妇却一直都在想办法把她们弄走，甚至还用火烧了宫女的头发。唐太宗一听说这事儿，就生气了。他认为一个女人不应该有这么强的妒忌心，于是他派人给大臣的媳妇送了一杯毒酒，说这毒酒喝下去就会一命呜呼，像她老公这种大官不可能不纳妾，以后更不可能不拈花惹草，如果她一直这样可不行，所以还是趁早死了吧。这媳妇在我们现在看来，绝对是一个烈女，因为她在听到圣旨之后，心里想的是，她就是不乐意让自己的老公找小老婆，她也接受不了，要不就是他改，要不就弄死她。然后她真的仰头将毒酒一饮而尽。不过事实上这酒是假的，根本就没有毒，这只不过是唐太宗和她开的一个玩笑。

我们今天看来，这玩笑开得真是有点过分了。不能和别的女人分享爱人，这是很正常的想法，凭什么就认为女人不可以善妒？如果男人不善妒，是不是自己的媳妇再找个丈夫，他也不会介意呢？因此，这种条例本身就

△图为敦煌莫高窟 45 窟唐代壁画观音经变中表现贪嗔痴之《离淫欲》

是对女人的一种不公平。

　　第六个理由，偷盗。这里的偷盗也不是我们所理解的传统意义上的到谁家去偷点东西，而是指妻子偷偷地攒私房钱。在古代，女人要是背着自己的丈夫攒钱，是"反义"，是不符合规矩的。想来也挺好笑的，这种情况和现在好像正相反。现代大都是丈夫把钱交给妻子保管，丈夫想方设法地攒点钱，以便平时可以和自己的三五好友出去喝点小酒，吃点小菜。

　　第七个理由，在我们今天来看，也是十分不通情理的。就是女人如果得了恶疾，也会被休掉。说起来理由比较可笑，古代人认为，如果一个女人得了重病，就不能为祭祀祖先做各种准备了。这种行为是极其不合宜的。其实这不过是冠冕堂皇的借口，说白了就是嫌人家是累赘了，那当初说好的白头偕老，百年好合呢？男方生病，女方就得尽心竭力地照顾，而女方重病就想赶紧甩掉"包袱"，那么以前的海誓山盟岂不都成了谎话？难怪会有"夫妻本是同林鸟，大难临头各自飞"这样的话。这样对女子不公平的待遇，还真是让人无法接受啊。

想休我？没那么容易！ | 三不去

古代根本就不把女人当人看，所谓的种种习俗无非是助长男人的气焰，对女人则极其不公平。但这种情况，在唐朝还是得到了一定改善的。因为唐朝在"七出之条"中，特意加入了"三不出"，并且明确地白纸黑字写在了唐律中。

其中规定"虽犯七出，有三不去"。什么叫三不去呢？就是女家已经无人，你休了我，我就没地方去了，无家可归，这种不得休。娶媳妇儿的时候一贫如洗，等有钱了，看不上自己的糟糠之妻了，想着用各种理由把媳妇儿给休了的，也不可以。还有就是为舅姑服过三年丧者不得休。这里的舅姑是指自己的公公婆婆，为公婆守孝守了三年的女人，你再找理由把她休了就是无情无义，所以这种情况下也是不能休妻的。

但是，在"七出之条"中，如果妻子犯了其中的"淫乱"和"恶疾"，那么即使有"三不出"，也没有用，反正就是死活都得休了。这么看来，虽然唐朝有了很大的进步，但是并没有从根本上解决女子地位低下的问题。

不过，从整体上来说，唐朝的律令还是很先进的。其中也规定了，如果妻子并没有犯七出之条，但丈夫就是看自己的媳妇不顺眼，总想把自己的媳妇儿休了，然后另娶一个，这种可真是没救了。这样的人一般会被处以一年半左右的刑罚；而如果妻子符合了"七出之条"中除了"淫乱"和"恶疾"之外的条款，但又有符合"三不去"的情况，丈夫却要强行把自己的媳妇给休了的，都要处以杖一百的刑罚，而且打还不算，打完了还得把媳妇给好好地接回来，咱说这是折腾啥呢。

想不离都不行 | 义绝

以上所说的是偏向男人的出妻情况，对女人而言未免有失公平。而在唐朝，还有一种情况，是官府强制离婚，又叫义绝。这种情况有点像我们今天的"强制离婚"，就是夫妻双方由于一些原因，没有办法和平离婚的时候，就要向法院起诉，然后经过判决，强制离婚。在唐朝，这种情况也是由官府来决断的。

什么情况会被强制离婚呢？一般存在两种情况。一种是"违律为婚而妄冒已成者"，要强制离婚。这就是说由于一些原因，婚姻并不是受法律保护的，这种情况下的婚姻就是不生效的，此时可以强制离婚。

而另一种，就是我们上面所说的"义绝"了。在《唐律疏议·户婚》中明确规定："（夫）殴妻之祖父母、父母及杀妻外祖父母、伯叔父母、兄弟、姑、姊妹""妻殴詈夫之祖父母、父母，杀伤夫外祖父母、伯叔父母、兄弟、姑、姊妹与夫之缌麻以上亲，若妻通奸及欲害夫者""夫妻祖父母、伯叔父母、兄弟、姑、姊妹自相杀者"，均为"义绝"，必须强制离异。其实这种情况也可以想象，如果出现了上面所说的那些情况，那这一家该有多乱啊，这种家庭根本就不可能有正常的婚姻，无论是男方还是女方，摊上这么一家子也够呛了，多么的重口味。要是家庭已经成了上面所说的样子，政府若再不同意人家离婚，那才真叫当事人求生不得、求死不能呢。所以这种时候，强制离异则是最好的办法。

一方解脱了，另一方可能就不乐意了。我家都已经这样了，难不成我必须得离？那么恭喜你，你都会抢答了。你不想离都不行，"违者，徒一年"。要说日子都快上演电影《大逃杀》了，还不肯离婚，那日子还能过吗？所以，必须离！

做不成夫妻，咱还能做朋友，是不？ | 和离

上面两种说的都是有点强制意味的离婚方式，而这两种方式在其他朝代也有类似的存在。但咱们唐朝先进就先进在离婚不只有以上两种方式，更有一种让很多朝代的女人羡慕嫉妒恨的离婚方式，就是"和离"。

"和离"就像我们今天的协议离婚。也正是所谓"合则聚，不合则散"。在《唐律疏议·户婚》中规定："若夫妻不相安谐而和离者，不坐。"这

里面的"不相安谐"可以用"彼此情不相得，两愿离者"做解释，翻译过来就是说两口子因为种种原因，实在是过不下去了，可以选择协议离婚。对于这种离婚方式，官府不会从法律的角度来追究两位当事人的责任。看看人家唐人的婚姻观念多么的开明，让我们现代人都不得不佩服。这种离婚方式也算是开创了协议离婚的先河，而且在很多细节上，唐人做的恐怕要比我们现代人还要得体。

和现在的协议离婚一样，唐朝的"和离"也要写一份协议书，但在那个时候是叫"放妻书"或者"夫妻相别书"。大家看了可能觉得还是不够公平，因为这最终能不能离成婚，主动权还是在丈夫手上，丈夫要是不写"放妻书"，不同意离婚的话，是不能离婚的，因为女人没有办法得到一张具有法律效力的离婚文书。如果非离不可，也不管丈夫会不会答应的，会被判充军发配的。少则两年，多则三年。特别是在还没离婚的情况下，随意改嫁的，那在当时也算是重婚的。在《户婚》中记载如下："诸和娶人妻，及嫁之者，各徒二年，妾减二等，各离之"；"妻妾擅去者徒二年，因而改嫁者加二等"。加二等就是徒三年了，因为"含有背夫之责，故其刑比有妻更娶仅徒一年为重。"

其实在重婚罪这项规定上，对男人也是有些约束的："诸有妻更娶妻者，徒一年，女家减一等；若欺妄而娶者，徒一年半，女家不坐，各离之。"从这里来看，虽然对女方还是不太公平，但是在男尊女卑的古代，这种规定已经算是相当公平了。由此也能看出唐朝的思想观念的开放程度与其他朝代的不同，有些地方可以和当今社会相提并论的说法也并不为过。

前些年，在敦煌的一个山洞里出土了很多份唐朝时期的"放妻书"，其中有一份的内容是这样的："凡为夫妇之因，前世三生结缘，始配今生夫妇。若结缘不合，比是冤家，故来相对……即以二心不同，难归一意，快会及诸亲，各还本道。愿娘子相离之后，重梳蝉鬓，美扫蛾眉，巧逞窈窕之姿，选聘高官之主。解怨释结，更莫相憎，一别两宽，各生欢喜。"看到这封"放妻书"大家有没有觉得感动呢？啊，什么？你说你看不懂这古代人文绉绉地在说些什么？好吧，我们来看一看，这封信的内容到底是

△图为敦煌出土的唐朝时期的"放妻书"拓本

什么。

其实信的内容很好理解，无非就是说我们俩能结为夫妻是因为前世有着三生的缘分，但如果这份缘分在我们结合后所显出来的是并不适合，那么我们前世可能就是冤家，今生来寻仇的。既然我们夫妻二人不能同心一意，那么还不如让各位亲朋好友做证，彼此好聚好散。希望我的前妻在与我分离之后，能够打扮得漂漂亮亮地重新嫁人，这样对我们大家都有好处。

我们从这封书信里完全看不出憎恨和怨悔，只有对对方的祝福。字里行间无不显露出男方对女方的关切之意。明明此封信后，两人可能就形同陌路，再无任何瓜葛，从此相忘于江湖，但男方仍然对女方致以最诚挚的祝福，没有一点对女方歧视的态度。这不得不说是唐人与其他朝代人不同的思想观念导致的。这也确实是值得我们现代人来慢慢思考的。就像我们现在，只要一谈到离婚，几乎很少会有好聚好散的，很多人都会因为财产和孩子的抚养权问题而使两人本来就已经薄得像纸一样的情分一捅即破。当年的那份情早已不复存在，甚至还有人大打出手，不仅闹得两家人都处于敌对状态，就连孩子的生活也受到了很大的影响。

总之，通过以上种种的讲述我们也能发现，唐朝时的婚姻观念是蛮自由的，这种自由之风几乎吹遍了整个唐朝，也为接下来我们要讲述的一些事情做好了铺垫。

离婚了，守寡了，但日子也得继续过啊｜改嫁

其实说到唐朝的这种开放的风气，可以说是由高层带动起来的。先不提别的，单说那些法律就十分的开明。比如说女子在离婚之后可以再嫁，在丧偶之后也不必非得守寡，给自己弄个贞节牌坊。在唐朝，女子改嫁可以说是再正常不过的事情。女人改嫁不用害怕有人在背后戳自己的脊梁骨，不用怕被三姑六婆的唾沫星子淹死，从上面透露出的信息就能发现，在唐朝，改嫁这种事情，官方是很提倡的。

唐太宗贞观元年，皇上下了一条诏令，诏令中说："男年二十，女年十五以上，及妻丧达制之后，孀居服纪已除，并须申以媒娉，令其好合。"看看人家，政府是想方设法地帮助寡妇再找人家，而且以此作为自己的义务，这是一个多么开明的政府啊。

不仅如此，在《唐律疏议》中对此也有诸多的规定："诸夫丧服除而欲守志，非女之祖父母、父母而强嫁之者，徒一年；期亲嫁者，减二等，各离之。"人家不光做了这种规定，还在后面附加了解释："妇人夫丧服除，誓心守志，唯祖父母、父母得夺而嫁之。"这是什么意思呢？说白了就是如果女人的老公死了，而女人又不愿意再嫁人的话，除了老爸老妈，爷爷奶奶，其他人是不可以强迫这个女人再找家人家嫁了的。但这里也说了，是其他人不能，如果是自己的亲爹亲妈或者爷爷奶奶不希望看到女人年纪轻轻就守寡，最后孤独终老，还是可以强制性要求她再嫁的。

因此，如果你在唐朝听说谁的老公死了，她又嫁了一家，而且还嫁得挺好的这种事，千万不要大惊小怪的，因为对于开明的唐人来说，这还真就不算个事儿。不要说普通老百姓了，就连皇族的成员，那也要比老百姓开放大胆得多。

历史上赫赫有名的唐朝公主太平，就可以作为一个例子拿出来说。太平公主的第一任丈夫薛绍因为某些原因被武则天害死了，而太平公主又被武则天嫁给了武家的一个人，而其在结婚之后，极其放荡，常常公开包养男宠，并且还介绍自己中意的男宠给自己的母皇武则天，她们真可以说是一对"奇葩"母女了。当然，武则天本人就是完全打破了古代男权主义的第一人。

可能也是因为这些，唐朝时候的公主都不太好找婆家。在中国本来是有句老话叫："皇帝的女儿不愁嫁。"但这话拿到唐朝来说，还真就不太适用。任谁都知道，皇帝的女儿一般想高攀还高攀不上呢。但为什么到了唐朝，这皇帝家的女儿竟然成了烫手的山芋呢？究其原因，还是和唐朝那彪悍的风气分不开。

受胡人的风俗影响，唐朝的皇室对待婚姻的开放程度比民间有过之无不及。特别是那些从小到大娇生惯养的公主，更是喜欢在男人堆里打滚，私生活上多多少少都可以找出让人八卦的风流野史。

　　唐高祖李渊的女儿，也就是李世民的姐姐房陵公主，在出嫁之后还与奸夫厮混。房陵的老公肯定不乐意："你说我这一个好好的驸马，整天洗脸都能掉绿色了，你这还让不让人活了，这不摆明着仗着自己是公主，在这里欺负人吗？"于是他一生气，就把自己媳妇儿的奸夫给杀了。杀了一个人不要紧，可那人是房陵的心爱之人啊，她能同意吗？于是房陵不干了。

　　"凭什么啊？我一个堂堂公主，就算嫁给你，那在身份地位上也是比你高的，我偷个情怎么了？就你们男人可以三妻四妾的，我养一个小白脸，还被你给弄死了，这日子是没法儿过了，离婚！"然后，他们二人还真就离了。唐太宗的女儿高阳公主也是历史上比较有名的，她的奸夫也同样有名，就是辩机和尚。你没看错，她的奸夫的的确确是个和尚。所以这些公主的名声都十分不好，让人避而远之。

　　而且这些公主都没有那种男尊女卑的想法，到了夫家也不肯像正常的儿媳妇儿一样尽本分。你想，人家怎么说也是金枝玉叶，凭什么对你又跪又拜的，那是不可能的。不只这样，公公和婆婆反而还得向她们行君臣之礼，时间长了谁家也受不了。再加上公主有自己的宅府，驸马住的就是公主的地方，也算得上倒插门。而这些大男子主义的男人认为这样会使他们少了古代男人应该有的尊严和地位，因此这是万万不行的。虽然娶了公主之后，身份提升了，成为了驸马，但说白了，这称呼也不过是说着好听而已，根本没有什么实质性的权力。换句话说，这官当的跟没当也没有什么区别，所以，在唐朝公主想要嫁人那简直是难上加难。

参 考 书 目

[1] 刘永连.问吧9：有关唐朝的101个趣味问题.北京：中华书局，2008.

[2] 王玉.穿越百事通：唐朝不可不知的历史细节.苏州：古吴轩出版社，2012.

[3] 森林鹿.唐朝穿越指南：长安及各地人民生活手册.北京：北京联合出版公司,2012.

[4] 吕思勉.隋唐五代史.北京：中国友谊出版公司，2009.

在本书的编写过程中，参考、借鉴并引用了一部分优秀的文章、作品与精美的图片资料，以期达到图文并茂的效果，在此特向各位被引用图文作品的优秀作者表示衷心的谢意，并真诚地感谢他们为本书所做出的贡献。